U0004916

德國
Germany

捷克瑞士國家公園 Národní park
České Švýcarsko

Liberec

Ústí nad Labem

Liberecký kraj

克魯什內山脈礦區 Krušnohoří

Ústecký kraj

Středočeský kraj

卡羅維瓦利
Karlovy Vary

克拉德魯比國家馬場
Kladruby nad Labem

瑪莉安溫泉 法蘭提雪克溫泉
Mariánské Lázně   Františkovy Lázně

布拉格
Praha

庫納荷拉鎮
Kutná Hora

Karlovarský kraj

卡爾修坦城堡
Karlštejn

布魯霍尼茨基城堡
Průhonice

皮爾森
Plzeň

克諾皮許德宮殿
Konopiště

Plzeňský kraj

Budějovický kraj

舒馬瓦國家公園
Národní park Šumava

赫拉修維采
Holašovice

捷克百威市
České Budějovice

捷克克倫洛夫
Český Krumlov

奧地利
Austria

捷克共和國文化遺產與國家公園

市郊景點
布拉格

國家公園與生態保護地

世界文化遺產

各省分首府

波　蘭
Poland

克爾科諾謝國家公園
Krkonošský
národní park

捷克天堂公園
Český ráj

Hradec Králové
Královéhradecký kraj

Pardubice
Pardubický kraj

利托米什爾
Litomyšl

Moravskoslezský kraj

奧斯特拉瓦
Ostrava

Žďár nad
Sázavou

Olomoucký kraj

Kraj Vysočina

奧洛穆茨
Olomouc

Zlínský kraj

Jihlava

布爾諾
Brno

克羅梅日什
Kroměříž

Zlín

特奇Telč

特洛比奇
Třebíč

Jihomoravský kraj

Národní park Podyjí

雷德尼采－瓦爾季采
Lednice-Valtice

斯洛伐克
Slovakia

個人旅行主張

有人在旅行中享受人生，
有人在進修中順便旅行。
有人隻身前往去認識更多的朋友，
有人跟團出國然後脫隊尋找個人的路線。
有人堅持不重複去玩過的地點，
有人每次出國都去同一個地方。
有人出發前計畫周詳，
有人是去了再說。
這就是面貌多樣的個人旅行。

不論你的選擇是什麼，
一本豐富而實用的旅遊隨身書，
可以讓你的夢想實現，
讓你的度假或出走留下飽滿的回憶。

有行動力的旅行，從太雅出版社開始。

個人旅行 *107*

捷克‧布拉格

附波西米亞、摩拉維亞17個城鎮

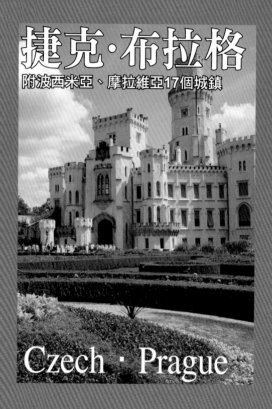

Czech ‧ Prague

文字‧攝影 ◎ 張雯惠 Christy

太雅

捷克‧布拉格

附波西米亞、摩拉維亞17個城鎮

波西米亞O Čechy

摩拉維亞Morava

旅遊黃頁簿

【全書地圖目錄】

推薦序

致力推廣文化外交

雯惠的大作《捷克‧布拉格》要再版了，這是預料中的事！因為成為捷克媳婦的她，以田野調查的精神，不辭辛勞地親自走訪過捷克的大城小鎮，讓我們這些讀者們可以跟著她的腳步，快速又舒適地走訪捷克這個中歐的美麗國度。

新版當中，雯惠又再次不藏私地分享了許許多多的進階版私房景點資訊給國人，而且貼心地將捷克的國民美食、購物選擇、國家公園與自然保護區、甚至是路跑等實用的旅行資訊詳細地列給讀者們參考。

近年來國人前往捷克旅遊的人數呈現等比級數的高成長，雯惠的大作一定功不可沒！旅居捷克多年的她，還貼心地以天數列出好幾種旅遊路線與主題，搭配精心繪製的地圖以及交通資訊，使得這本書詳實又好用。讓有幸使用本書的讀者，也能夠跟隨作者的腳蹤，深度地走訪捷克！

我以多年規畫帶領深度文化之旅的經驗，誠摯地向國人推薦雯惠的這本大作，更衷心地期盼它能夠讓更多的國人得以深入地了解「捷克」這一位善良又美麗的地球村夥伴！

首位也是目前唯一榮獲捷克共和國「國家之友獎」殊榮的台灣人
台中市活力文化咖啡館館長　高嵩明(Sommer Kao)

增進台捷交流的推手

2016年9月赴任前，為了強化瞭解捷克民風民情，我到書店尋找相關書籍，因緣際會選了《捷克‧布拉格》，從中獲益良多。

2017年1月駐捷克代表處辦理僑胞學生春節餐會，雯惠與捷克夫婿聯袂出席，她說是最近7年首度心血來潮參加外館餐會。這使我相信雙方確實有緣，才能異地相逢。

提到捷克首都布拉格，台灣民眾立刻有浪漫、古典的憧憬，但對捷克的印象興許還有些模糊。雯惠的書不侷限於認識布拉格，她還貢獻許多私房景點，帶領讀者深度造訪捷克21個城鎮，認識捷克人的生活態度、文化歷史，並不僅是浮光掠影的過客。

雯惠具有這項功力，主要是在德國的捷克分公司工作多年，夫家是個有多國籍媳婦的國際家庭；多樣的身分背景使雯惠不但掌握豐富的在地資料，又能理性體察捷克社會民情。

捷克景致美麗，民性質樸，近年台灣與捷克實質雙邊關係穩實，是台灣旅客遊歐的熱門景點。

我相信，台灣許多介紹捷克旅遊及投資書籍對推動台捷關係，都發揮積極的作用。《捷克‧布拉格》為台捷更多交流扎下深根，殊值推薦。

前駐捷克代表處大使　汪忠一

不是過客，而是家

每一次寫自序都是像寫下人生倒映機，時間飛逝，心境大不同。回想捷克生活，竟然也要邁向第15個年頭，從在捷克的學生生活到工作，從出走布拉格到其他國家工作與生活，又再次歸來，甚至成了捷克媳婦是多麼令人喜悅又驚喜的一個過程，但這似乎好像又拉近了我與捷克的緣分，變得更加緊密不分了！然而我對捷克的探索與好奇從未停止，甚至往更多層面去深度了解，突破自我通過了捷克的國家考試，成為了捷克首位台籍合法持有捷克導遊、歐盟領隊雙證的人。

原在掙扎是否要放棄最愛的工程師本業時，一場疫情的到來打破了所有人的正常生活，讓我又持續在科技業，而疫情期間在職場上我又再度挑戰自我與成長，又到了一個新局面。疫情終於過去，大家漸漸回到生活正軌，我也在深思熟慮之後，希望可以更多時間陪伴孩子，享受與我的孩子一同在歐洲的精采每一刻。所以只能暫時離開旅遊業，持續深耕科技業，一切辛苦但是收穫滿滿。

如果再問我一次，值得嗎？我只能說我唯一沒有變的依舊是一股的衝動與勇氣再加上一點點的幸運，不後悔，感謝主。希望購買此書的書友們，透過書中的私房景點與玩家交流，以及我親自拍攝與撰寫的內容，感受到我對捷克的熱誠與用心，也期待你們從此書中對捷克有更加一層的了解與喜愛。在此特別感謝高嵩明大哥的《捷克經典》啟發我對捷克的憧憬與好奇，感謝這一路上支持幫忙的親朋好友，特別感謝Ailsa、包子、建輝哥每半年出差歐洲的小駝獸補給，讓不常回台灣的我和台灣有點交集。

關於作者　　張雯惠Christy Hrušková

電機工程碩士畢業，定居布拉格。目前任職法國顧問公司擔任科技顧問，參與世界百大公司相關專案、捷克共和國持證導遊、歐盟持證領隊不定期帶領旅行團。雖是理工人，但是喜愛美食與旅遊和研究捷克相關歷史。
聯繫方式chic28@gmail.com

編輯室提醒

太雅旅遊書提供地圖，讓旅行更便利

地圖採兩種形式：紙本地圖或電子地圖，若是提供紙本地圖，會直接繪製在書上，並無另附電子地圖；若採用電子地圖，則將書中介紹的景點、店家、餐廳、飯店，標示於Google Map，並提供地圖QR code供讀者快速掃描、確認位置，還可結合手機上路線規畫、導航功能，安心前往目的地。

提醒您，若使用本書提供的電子地圖，出發前請先下載成離線地圖，或事先印出，避免旅途中發生網路不穩定或無網路狀態。

出發前，請記得利用書上提供的通訊方式再一次確認

每一個城市都是有生命的，會隨著時間不斷成長，「改變」於是成為不可避免的常態，雖然本書的作者與編輯已經盡力，讓書中呈現最新的資訊，但是，仍請讀者利用作者提供的通訊方式，再次確認相關訊息。因應流行性傳染病疫情，商家可能歇業或調整營業時間，出發前請先行確認。

資訊不代表對服務品質的背書

本書作者所提供的飯店、餐廳、商店等等資訊，是作者個人經歷或採訪獲得的資訊，本書作者盡力介紹有特色與價值的旅遊資訊，但是過去有讀者因為店家或機構服務態度不佳，而產生對作者的誤解。敝社申明，「服務」是一種「人為」，作者無法為所有服務生或任何機構的職員背書他們的品行，甚或是費用與服務內容也會隨時間調動，所以，因時因地因人，可能會與作者的體會不同，這也是旅行的特質。

新版與舊版

越受歡迎的觀光城市，參觀門票和交通票券的價格，越容易調漲，但是調幅不大(例如倫敦)，若出現跟書中的價格有微小差距，請以平常心接受。

謝謝眾多讀者的來信

太雅旅遊書中銷售穩定的書籍，會不斷修訂再版，修訂時，還區隔紙本與網路資訊的特性，在知識性、消費性、實用性、體驗性做不同比例的調整，太雅編輯部會不斷更新我們的策略，並在此園地說明。您也可以追蹤太雅IG跟上我們改變的腳步。

票價震盪現象

越受歡迎的觀光城市，參觀門票和交通票券的價格，越容易調漲，特別Covid-19疫情後全球通膨影響，若出現跟書中的價格有落差，請以平常心接受。有些景點門票方案多元易變動，請直接上官網查詢最新價格。

謝謝眾多讀者的來信

過去太雅旅遊書，透過非常多讀者的來信，得知更多的資訊，甚至幫忙修訂，非常感謝你們幫忙的熱心與愛好旅遊的熱情。歡迎讀者將你所知道的變動後訊息，善用我們提供的「線上回函」或是直接寫信來taiya@morningstar.com.tw，讓華文旅遊者在世界成為彼此的幫助。

如何使用本書

本書精采單元：風情掠影、分區導覽、熱門景點、逛街購物、特色餐飲、住宿情報、周邊景點漫遊、旅遊黃頁簿等，多元豐沛的資訊，兼具廣度與深度，一網打盡個人旅行所需。

先作功課的：

【風情掠影】以生活化的筆觸，描繪布拉格的各種面向，從歷史、生活文化、習俗節慶、世界遺產、特色餐飲等分項提供解說。

【布拉格旅行黃頁簿】從行前的證件準備，到布拉格機場入境、前往市區，還有當地交通介紹、消費購物、日常生活資訊等，有效提升行前規畫的準確度。

邊走邊看的：

【熱門景點】詳細介紹布拉格、波西米亞、摩拉維亞、特熱邦等地的重要熱門景點，讓讀者可以邊走邊玩，隨時發現旅遊驚奇。

【獨家推薦】藉由作者長年旅居捷克，發現獨家推薦景點，讓遊客們看到不一樣的捷克。

【分區地圖】本書提供各分區地圖，羅列書中景點、購物商店、美食餐廳、住宿旅館等位置，只要按圖索驥便能輕鬆找到目的地。

【旅行小抄】【玩家交流】【知識充電站】提供讀者當下極想立刻了解的旅遊背景資料。另外，一些有趣的小細節、獨特的旅遊美妙經驗等，作者也大方與讀者分享。

【深度特寫鏡頭】透過作者獨特的觀察，歸納整理出單一主題的深度旅遊重點，多種角度呈現布拉格的旅遊風情。

需要時查詢的：

【逛街購物】【特色餐飲】【住宿情報】吃喝玩樂、血拼、住宿好所在，包括營業時、價位、類型、交通指引等資訊，以圖像icon作成基本data，加以重點解說，滿足讀者全方位的旅行享受。

【全書地圖目錄】列出全書地圖所在頁碼，協助讀者快速索引所需地圖。

本書使用圖例

內文資訊符號

- ⊠ 住址
- ➡ 如何到達
- ☎ 電話
- http 網址
- ⊙ 營業時間
- ⁉ 注意事項
- $ 票價

地圖資訊符號

- 景點
- 橋樑
- 巴士
- 購物
- 地鐵·捷運
- 文化遺產
- 餐廳
- 鐵路·電車
- 國家公園與生態保護地
- 旅館
- 纜車

各大單元開版·索引小目錄

分區導覽　　熱門景點

購物指南

玩家交流

深度特寫

行程規畫

特色餐飲

旅行小抄

知識充電站

·全書幣值以捷克克朗為單位。

·捷克境內各種票價及開放時間每年均會略有異動，本書已盡力更新最新資訊，但是要提醒者，購票前請先留意當地最新公布訊息，再行購買。

看懂捷克標誌

很遺憾，在捷克所有路牌與標示幾乎都是以捷克文說明，少部分有英文。但只要拿著本書，所有景點都附上捷文對照，讓旅行方便許多，以下為捷克常見的標誌。

注意！輕軌電車

依捷克法律，輕軌電車第一優先行走，第二是路人，最後才是其他車輛。看到輕軌電車(POZOR TRAM)時，請留意左右輕軌，此外，捷克車輛都會禮讓行人通行，非常友善。穿越路面如無號誌，請按等待按鈕。

博愛座

大眾交通工具上有優先博愛座，圖上數字表示博愛座位數量。

P或0

臺灣的1樓，在捷克都是以0樓或是P (捷文Přízemí)表示。

街名

在捷克，街名不會標示在住家門牌上，而是在每個街角或是交叉口才會標示城市區域、路名。

門牌號

每個住家門牌都有2個號碼，紅色牌子寫著房屋區域與註冊號，藍色則為此條街上的門牌號。

旅客服務中心

i 為旅客服務中心標示，咖啡色路牌則指明各地點的方向。

地鐵標示

地鐵入口會以顏色來標示地鐵線，如各一半顏色則為兩線轉乘站。

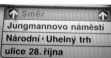

出口與方向

出口標示Výstup，方向標示Směr，轉乘標示為Přestup月台標示Kolej。

捷克
風情掠影

O České Republice

不管你是什麼原因來到捷克共和國,我想這裡絕對可以滿足你且顛覆你的想像。想和朋友一起輕旅行?逍遙夜店?挑戰高空極限?布拉格都能滿足你。

想要濃情蜜意的蜜月之旅?那絕對不能錯過有歐洲最美小鎮之稱的波西米亞小鎮!

想喝最道地的甘純啤酒嗎?皮爾森市和百威市不會讓你失望!

冬季雪白的國度讓捷克有另外一種風情,多座溫泉迴廊小鎮,讓你感受一絲絲的溫暖。捷克共和國就如同新藝術大師慕夏(Alfons Mucha)的作品《四季》,在每一個時刻展現出不同的風采,不僅物美價廉,且充滿著文化與歷史悸動,讓在這的每一刻尤其難忘,趕快著手準備吧!

得天獨厚的多元國度

關於捷克

捷克共和國(Česká republika)面積約為臺灣的2倍，共78,866平方公里，典型內陸國家四面不環海，人口約臺灣的一半共1,050萬人，主要為捷克人，首都為布拉格，官方語言屬斯拉夫語系的捷克文。

雖於2004年加入歐盟，但是目前依然使用捷克克朗(CZK)或Kč，氣候是內陸型氣候，主要以伏爾塔瓦河(Vltava)貫穿內陸，行政區劃分為13個州加上首都布拉格。除了擁有得天獨厚的文化涵養與歷史景觀，重機械工業也是其經濟很重要的一部分，國內的Škoda工廠是捷克自產外銷的龍頭企業，包含汽車、輕軌電車、火車等都大受好評。而特有的啤酒文化也是捷克人不可或缺的一部分。

捷克人個性外冷內熱，敬老尊賢，以捷克文與陌生人溝通時一定多數使用敬語，由於對噪音忍受度低，所以大部分的公共場合喜歡保持寧靜、適合閱讀的氛圍。

生活態度

捷克人除了在市區有住處外，週末時喜歡全家大小帶著寵物到外出遊或是前往自家度假小屋享受片刻寧靜。捷克人非常喜愛寵物，街上亦無流浪貓狗出沒，且因非常注重古蹟維護，古蹟區不得隨意拆除或是新建房舍，高度也有所限制。

O České republice

休閒育樂

捷克人喜歡運動與貼近大自然，網、排、壁球、腳踏車等運動都頗受大眾歡迎。每年多數的路跑活動與船舟賽也都吸引許多國際好手參與。夏季假日躺在草地上休憩與閱讀、參加市集的人也不在少數；號稱國球的冰上曲棍球賽總是吸引大批民眾前往狂歡加油。此外家家戶戶在蘑菇季必會帶兒童前往採摘與辨識各種蘑菇，或是進行園藝活動。

復活節市集　　　傳統柳鞭

聖誕節與新年傳統

聖誕節假期會與家人團聚，並享用獨有的鯉魚大餐，由於不靠海，所以以人工淡水養殖方式做炸鯉魚排或是湯品配上馬鈴薯沙拉，加上自製的傳統甜點，一起暢飲啤酒與拜訪親友，都是捷克的傳統。新年第一天除前晚與親友狂歡外，餐桌上會準備扁豆湯或是扁豆泥(Čočka)配上豬肉片來象徵新一年帶來財富。

復活節傳統

捷克男人會手持綁有緞帶的柳鞭，以象徵式鞭打女人，此舉會帶來女人一年的美麗與健康，女人也會以彩蛋回送男方，此外也會有小羔羊造型的蛋糕，因小羔羊象徵新生命的開始。

傳統甜點麵包

耶誕市集

復活節彩蛋

炸鯉魚配上馬鈴薯沙拉

跨越歷史的軌跡

公元前5世紀時，捷克已經有波伊人(Boii)居住此地，而開始稱作波西米亞，直到後來日耳曼、匈牙利人入侵，到最後7世紀被斯拉夫人占據，成為今日的斯拉夫系人種。

893～1306年的Přemysl王朝是捷克最早創建的王朝，根據傳說，是由Libuš公主預言將會遇到農夫之子Přemysl且共創一個偉大的城市，它的榮耀可以達到天上的繁星，而且預知此城將建在伏爾塔瓦河沿岸的峭壁上，後來此預言成真，且河旁的峭壁上有個男人正在興建房屋的門檻(Prah)，從此奠定了布拉格(Praha)高堡區的地位而開創Přemysl王朝。但由於宗教的混亂不堪與鬥爭，導致此王朝於1306年後繼無人而衰退終結。

1310～1378年，由於盧森堡登上波西米亞王座並與德意志帝國合併，他的兒子查理四世即位成為神聖羅馬帝國的國王，造就波西米亞的黃金繁華時期，成立了布拉格大主教區，查理大學也在此時期興建許多建設。

1415～1434年國內爆發了嚴重的內戰，事發起因於查理大學的校長楊‧胡斯(Jan Hus)因推行新教而

布拉格高堡區Libuš公主與其夫雕像

查理大學卡羅麗娜學院

被處火刑，此舉點燃了支持他的教徒發起胡斯運動。1555年哈布斯堡君主簽署奧格斯堡宗教合約，授與波西米亞人宗教自由，以繼續維持統治，促使新教勢力勃興。1576～1612年，在位的魯道夫二世再次將神聖羅馬帝國設在布拉格，也因其熱衷藝術與占星，所以吸引許多學者、藝術家前往布拉格，造就第二個黃金時期。

1618年斐迪南二世因強制推行天主教派，造成新教徒將2名官員從布拉格城堡窗戶丟出去，引發了反對派與改革派的30年戰爭。1620年在城外不遠的白山戰役中捷克軍戰敗，27名新教徒在老城廣場被處死，而後神聖羅馬帝國將宮廷遷往維也納，布拉格進入蕭條時期。

在30年戰爭結束後，巴洛克文化在捷克開始發酵，影響了捷克城市及農村的建築風格達數世紀之久。封建制度的危機和國家的經濟利益，導致18世紀後半發生改革，但不久便提出了政治解放的要求。

1848年捷克政治家們第一次一致提議恢復封建主義制度，迅速發展的工業化使得捷克地區到19世紀後半成為帝國內經濟最發達的地區，這更加強了捷克民族解放的願望。

1918年第一次世界大戰結束，奧匈帝國瓦解、波西米亞獨立，與捷克關係密切的斯洛伐克於1918年10月28日合併為捷克斯洛伐克共和國。但好景不長，在1938年英、法、德、義的慕尼黑協定中，為避免戰爭而把捷克出賣給納粹，1939年3月捷克全境被希特勒占領，1945年蘇聯對東歐發動反攻，1948年2月捷克斯洛伐克共產黨開始一黨執政，1968年發生要求民主變革的布拉格之春，引起國際的支持與批判蘇聯。

直到1989年隨著蘇聯的解體結束了蘇聯的統治，但也因為民主化的抬頭，造成捷、斯兩地經濟差距拉大，產生民族的矛盾，所以1993年公投和平分為2個獨立國家，捷克最終實現民主變革，從1989年這段時期到後期史稱天鵝絨革命，亦稱絲絨革命。捷克也於1999年加入北約組織、2004年加入歐盟國，2007年加入申根國之一。

新市政廳為當年被丟出窗外的官員遺跡

紀念布拉格之春

21

關於捷克10大Q&A

　　長久以來，因對捷克的不熟悉，使得舊有的資訊產生許多誤解，希望藉由本書，讓大家重新認識捷克，也希望來旅遊的大家千萬別再有錯誤的資訊。

O Ceské republice

問題1 捷克是歐盟國、申根國、歐元區嗎？

　　捷克在2004年加入歐盟會員國，2007年加入申根會員國，但是目前依然使用捷克克朗，未使用歐元。

問題2 捷克是東歐國家？

　　捷克在地理位置上是屬於歐洲正中心的中歐國家，南邊緊鄰奧地利與斯洛伐克，從西邊到北邊緊鄰德國，東到東北邊緊鄰波蘭。

問題3 捷克的治安是不是很差？

　　捷克的重大刑案其實不多，大致上來說治安良好，但布拉格是旅遊大城，雖不會當街行搶，但難免有扒手與騙子，請務必注意隨身的貴重物品。相較巴黎、羅馬、巴塞隆納等，捷克警察每年都有效地打擊犯罪，且布拉格的重要景點都會有警察巡邏站崗，請不用過於擔心。

問題4 捷克是共產國家？

　　從柏林圍牆倒塌的同年1989年，捷克斯洛伐克共和國也推翻共產專制的蘇聯，並在1993年分別和平成立捷克、斯洛伐克2個自由國家。

問題5 捷克人都非常熱情浪漫？

　　如果你認為浪漫的布拉格帶給你無限的幻想，那你就要失望了，外冷內熱的個性是捷克人非常好的寫照，或許是共產專制的過去，使得捷克人對於情緒的表達稍嫌內斂，但是年輕的一輩與熟識的朋友，在與他們幾杯啤酒下肚後就會發現他們的純樸與熱情，畢竟在非英語系國家，在溝通上還是需要一段時間好好了解他們的。

 問題6 捷克物價很高嗎？

擁有美麗豐富的歷史文化與風景的捷克，相較於其他西歐國家，價格稍偏低，接近德國柏林物價。由於近年通膨與世界戰爭情勢，價格上升不少。例如德國品牌在捷克會比在德國價格偏高。但總體依然比台灣稍低。

 問題7 俄羅斯娃娃是在地的紀念品？

我一定要在此聲明「來到捷克千萬不要買俄羅斯娃娃」，為什麼要說這個說呢？買了俄羅斯娃娃就像你到了日本旅遊卻買了中國名產一樣奇怪。一來此地非俄羅斯，加上歷史的因素，為何要在捷克人過往的記憶中再添一刀呢？二來俄羅斯娃娃品質參差不齊，如果你想買到正宗的產品，煩請到俄羅斯去吧！如果你真的想促進捷克經濟，可多買捷克品牌與當地手工藝品，不要讓假貨水貨充斥路面商家。

 問題8 為什麼點餐前都要先來一杯？

由於捷克的啤酒屋和餐廳幾乎融為一體，因此在餐廳服務的習慣上，服務生都會先快速臨桌讓客人點選飲品，待飲品遞上後才會做點餐動作。如此一來也是給客人有充裕的時間選餐，另外也讓等不急要喝啤酒的客人解解渴。

 問題9 在這裡的餐廳用餐要給小費？

捷克不是一個固定要給小費的國家，所有的小費都為禮貌性小費，比較小型的餐館通常沒有收小費的動作，但是客人可以依照服務態度給小費。即便是在大型與正式餐館用餐，通常小費最高都不會超過10%。

 問題10 捷克的經濟水準穩定嗎？

捷克雖然不是大國家，但整體經濟穩定且已是開發國家，2019年依然多次蟬聯全歐盟最低失業率冠軍，加上本身使用克朗鼓勵出口與抑制通貨膨脹，所以大致上經濟穩定，相較起其他脫離蘇聯後的國家，算是快速成長的代表國之一。

享譽國際的捷克文化

啤酒文化

有趣的是捷克人有傳統的喝酒方式(翻拍自Fun Explosive明信片)

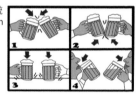

　　啤酒，對捷克人而言不僅是驕傲，更是生活與文化很重要的一部分。來到捷克而沒有品嘗捷克啤酒，就如同到了臺灣沒有喝過珍珠奶茶是一樣的道理。國際知名的皮爾森啤酒(Pilsner Urquell)與正宗的百威啤酒(Budějovický Budvar)都緣自於捷克，除此之外，捷克還有許多不計其數的啤酒廠與品牌，也造就境內許多風格特色的小酒館，前總統哈維爾(Václav Havel)有句名言指出：「我認為在酒館喝啤酒對捷克社會風氣有良好的影響，因為啤酒的酒精度比葡萄酒、伏特加或威士忌低，這樣人們在酒館談論政治時就不會太瘋狂。」

　　對當地人而言，社交場合不外乎就是與三五好友上酒館談天說地，尋找生活解壓的一種方式。根據統計，世界平均啤酒消費量最大的國家不再是德國，連續好幾年捷克都是世界冠軍，2018年捷克平均143.3公升為世界冠軍，2020年捷克平均181.7公升為第一，其次為奧地利96.9公升、波蘭96公升、羅馬尼亞95公升和德國92.5公升。

正宗百威啤酒
Budějovický Budvar

　　品名如同地名的百威啤酒於1895年在百威市České Budějovice發跡，出口到60多國家，口感比起皮爾森啤酒少了一分苦澀，以純正甘甜的口感贏得多數人的喜愛。與美國百威Budweiser商標與官司糾纏多年，截至2013年，在訴訟的124個案子中，已經贏得了89個訴訟，且歐盟區因為地理名稱保護法，也使捷克百威啤酒更加堅定其歷史地位。台灣目前代理商稱為百爺啤酒。

皮爾森啤酒
Pilsner Urquell

在13世紀時捷克的皮爾森市(Plzeň)已是眾所皆知的啤酒之鄉，其中又以1842年創立的皮爾森啤酒最為出色，除了為皮爾森啤酒代名詞，又有黃金啤酒的美名。沿用橡木桶發酵與儲存的製作方式，加上當地特殊水質和啤酒花打造出色的啤酒，口感適中、滋味滑順可口，廣獲好評與無數國際大獎。台灣目前由美樂啤酒代理進口。

貝羅卡捷克草本酒與苦艾酒
Bechrovka & Absinth

如果擔心啤酒無法帶回台灣，那可以試試看高濃度酒精的捷克冰爵酒與苦艾酒小玻璃瓶裝，不僅特殊可愛且具有代表性，即使當作收藏也極具巧思。貝羅卡捷克草本酒目前已由台灣代理進口。

山羊黑啤酒
Kozel Černý

如果你喜歡口感較甜的黑啤酒，一定不能錯過也是皮爾森集團旗下的山羊黑啤酒(Kozel Černý)，從1874年開始生產暢銷38個國家，低濃度的酒精量也是廣受女生喜愛的原因。

老泉啤酒
Staropramen

捷克第二大釀酒廠，來自布拉格的老泉啤酒於1869年發跡，其啤酒不只一種口味，包括檸檬、蘋果、紅石榴等，且配合糖尿病患者與未成年孩童設計了低糖與無酒精啤酒，由於特殊口味與趣味的行銷方式，深受捷克年輕人喜愛。

Bernard啤酒

創立於1991年的年輕品牌，原是買下一個16世紀在Humpolec創立的破產釀酒廠，依循古法製作，在短時間之內已成功出口到26個國家並贏得176面獎牌。也有研發水果口味與無酒精口味。此外更結合SPA產業，不只讓你喝得到，還可以體驗啤酒浴。

啤酒浴Beer Spa

　　捷克的啤酒精神不只用在喝，還列入了養身的療效，利用富含多種礦物質的啤酒花及天然釀造酵母，使其溶解在水中釋放出維生素，對濕疹有治療作用。蛋白質有利於皮膚細胞再生；啤酒花含有使肌肉放鬆，提高心肺的作用；啤酒酵母讓皮膚光滑細緻，目前受到眾人的喜愛，一位難求。

捷克精湛工藝品牌

　　除了啤酒享譽國際外，捷克工藝也是舉世聞名，如汽車工業、水晶製品、鞋業、軍事機械、鋼琴、運動品牌、玩具等，在此介紹相關代表品牌。

Baťa鞋

　　Baťa鞋創立於1894年，在全球70個國家銷售，並擁有多達26個跨國生產線。走的是大眾路線，品質好且皮件多為純牛皮製造。歐洲區銷售點多為義大利生產，每個國家的款式不太相同，但好穿耐用且價格親民，到打折季更是人手一袋。

O České republice

26

Škoda汽車

　有百年歷史的汽車品牌Škoda，在英國連續13年進入客戶滿意度調查的前5名。其汽車銷售至世界多個國家，穩定度與耐用性深受消費者喜愛，除此之外，布拉格的新型電車也由Škoda集團合作設計打造，並且輸出至其他國家。目前Škoda汽車在臺灣由太古集團代理。

Petrof鋼琴

　創立於1864年的Petrof鋼琴目前為歐洲最大的鋼琴製造商，家族經營已延續到第五代，其中又以音樂會用的三角鋼琴最為著名，深受許多鋼琴家喜愛。

Moser水晶玻璃

　捷克水晶玻璃藝品的精湛技藝眾所皆知，其中又以Moser摩瑟水晶最具代表性，承襲百年歷史，每一件作品都展現完美的手工切割製造工藝，且掌握純度最高無鉛技術，所以品質晶瑩透徹，加上精緻的雕刻，成為尊貴華麗高品質的象徵，使得英國伊莉莎白二世、挪威國王哈康七世等政商名流都指定使用，目前臺灣由國裕生活公司代理。

tescoma廚具

　這個來自捷克、成立於1992年的廚具品牌，靠著不銹鋼的餐具結合創意設計奪得許多獎項，加上價格尊貴不貴，因此行銷到全世界各地。

Loutka手工提線木偶

由於手工提線木偶為傳統技藝，每每刻畫出木偶的神韻，都需要非常高深的技巧與大量時間。提線木偶是用在傳統的木偶劇上，操控的人員需要有靈活的手動配上生動有趣的話劇，是戲劇表演和文學傳統的重要組成部分，早期更是受歡迎與重要的民間娛樂活動之一，此項技藝已經在2016年12月，被聯合國教科文組織列入世界文化遺產非物質文化遺產項目中，更顯得其珍貴與獨特。值得注意的是，價格也會因打造過程、是否為手工、木偶神態、大小而有差異，更有非捷克製造的仿冒品出現，所以一定要再次確認是否為正品。近年來提線木偶從傳統的全手動話劇，演變成透過簡單的機關來操控。想看到提線木偶的演變與歷史嗎？可以前往皮爾森市的木偶博物館(請見P.217)。

IGRÁČEK易樂捷

剛歡慶完40周年的捷克本土品牌易樂捷，有東歐摩比人(PLAYMOBIL)之稱，其安全無毒且通過歐盟EN71認證，堪稱他們的小人物有靈魂，受到捷克小朋友的喜愛且市占率高，且推出業界獨一無二、一車在手變化無窮的車子，與提著玩、帶著走的手提盒系列，又與Hello Kitty、辛普森家聯名款，在廣告中狂掃捷克玩具界風潮，行銷世界各地，目前台灣由成文國際總代理。

RunCzech國際路跑賽事

享譽國際的捷克文化

捷克人愛運動是一種文化，由於全境無數自然景觀，讓許多運動項目非常的盛行，每年的RunCzech國際馬拉松路跑，吸引超過93個國家的路跑選手共襄盛舉，除了布拉格外，卡羅維瓦利、捷克百威市、奧洛穆茨、烏斯季(Ústí nad Labem)都加入了此項活動。布拉格一年約3場路跑賽事，除了全、半馬外，更多了極具創意風格的10公里路跑賽程，號稱世界最有特色的馬拉松路線。每年馬拉松都會有不同的主題，以2016年為例，全馬從老城廣場出發，沿著Vltava河通過查理大橋、國家劇院、小城區、新城區⋯⋯等，這不僅僅是馬拉松，更是免費的露天建築博物館與旅遊精華導覽。直到最後關閉時間共有7小時，許多人開玩笑說，甚至可以用慢走的方式，沿途停下來休息體驗布拉格風情；為了展現音樂之都的氣勢，全程設有40個音樂站，播放著各國不同風格的音樂，為選手加油，非常具有趣味與意義。而10公里路跑，由許多各年齡層的人士參與，更有民眾組成「娃娃車隊」推著嬰兒車跑，獨具風格。以全馬為例，由於十分熱門，常常在開放報名後1～2個月內即額滿，你如果有興趣想參加，可以與我聯繫。

※作者不定期組織布拉格各項旅遊活動。

新奇有趣的重要節慶

　　捷克四季慶典極其豐富,從春天布拉格之春音樂季、復活節、美食展;夏天的博物館城堡之夜、戲劇節和傳統民俗活動;到秋天的國慶、信號燈光節與葡萄酒產季都非常受歡迎。而冬天除了賞雪外,列入世界非物質文化遺產的捷克狂歡節或是童話般溫馨的聖誕節,都是全世界旅客的最愛。

1月　1/1新年、Hamry古波西米亞狂歡節、Veselý Kopec狂歡節及哈士奇雪橇競賽

2月　布拉格嘉年華,克倫洛夫狂歡節

3月　皮爾森古典音樂季、布爾諾爵士音樂季、布拉格春季戶外遊樂園

4月　復活節,女巫焚燒(矮靈祭)、Olomouc花展

5月　5/1勞工節、5/8解放紀念日、布拉格教堂之夜、布拉格之春音樂季、布拉格啤酒節、布拉格Open House慶典、布拉格馬拉松、布爾諾爵士音樂季、皮爾森解放活動、布爾諾煙火節

10月 10/28捷克國慶日、布拉格爵士音樂季、布拉格光雕節、Olomouc國際管風琴樂節

6月 布拉格博物館之夜、布拉格莎士比亞戲劇節、利托米什爾史邁坦納音樂季、Strážnice民俗日(全歐洲最大最古老)、Colours of Ostrava音樂季

11月 11/17自由紀念日、法國電影節、聖誕市集

7月 7/6胡斯紀念日、卡羅維瓦利電影節,捷克克倫洛夫巴洛克慶典、捷克民俗慶典季、Třeboň淡水魚料理節

8月 摩拉維亞傳統民族慶典、捷克城堡之夜

12月 12/24～12/26聖誕節、聖尼古拉斯節、Olomouc動畫電影節

9月 9/28聖瓦茨拉夫紀念日、捷克葡萄酒市集慶典

大口品嘗捷克美食

　　捷克料理由於地緣的關係，所以料理菜色大多與德國、奧地利、匈牙利等國家相近，主菜多以肉類為主，搭配酸白菜、麵糰、馬鈴薯，如果配上一杯爽口的啤酒更可以襯托出獨特風味。部分餐廳更提供野味料理，如：兔肉、山羌、鹿肉等。近期許多餐廳也提供其他歐洲國家美食結合捷克傳統的創意料理。

　　另外捷克人喜歡餐餐配上短棍麵包，是由於過去蘇聯時期人民為了填飽肚子，所以習慣以麵包來取代高價的主食，但是隨著蘇聯瓦解後經濟起飛，一時間也變成一種飲食習慣了。值得注意的是，在捷克用餐通常服務生會詢問喝點什麼，待飲品送上後再進行點餐。

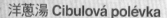 **湯品**

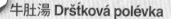
獨家推薦

牛肚湯 Drštková polévka

獨家推薦

這道源自於匈牙利的湯品在捷克也很受歡迎，將牛肚燉到入口即化，配上辣椒等香料熬煮，喜歡濃郁湯頭的人可以嘗嘗。

蒜頭湯 Česnečka

這是一道非常傳統的湯品，除了蒜頭之外會放上一層起士或是奶酪，加上雞蛋、碎香腸或是白酸菜，據捷克人說有暖腸胃的功能。

洋蔥湯 Cibulová polévka

來自法國的洋蔥湯在中歐也是非常流行，濃濃的奶油味有時候會配上香腸或是蘑菇一起烹煮，也有部分店家以清湯的方式烹煮。

蘑菇湯 Houbová polévka

濃郁的奶油湯頭配上蘑菇做搭配，喜歡奶油口感的人可以試試看。

O České republice

32

主菜

醃里肌肉 Svíčková

這是一道非常道地的捷克料理，使用燉軟的小牛里肌肉，加上乾麵糰與獨特的醬汁搭配小紅莓醬與酸奶油，嘗起來酸甜帶鹹非常獨特。

酸菜烤豬肉片 Vepřo-knedlo-zelo

用燻烤的豬肉片配上特製的酸白菜，加上馬鈴薯麵糰搭配肉汁，也是一道經典的料理。

燉牛肉 Guláš

這道來自匈牙利的主食在捷克也是極受歡迎。使用匈牙利辣椒熬煮燉牛肉，配上飯糰或馬鈴薯食用。

烤豬腳 Vepřové koleno

在德國、奧地利、捷克等國家，都會以不同的方式來做烤豬腳。在捷克多數的店家是以燉煮的方式料理，但是也有部分店家會以燒烤的方式處理，多數的亞洲人偏好燒烤味。

炸起士排 Smažený sýr

搭配特製的塔塔醬與馬鈴薯，或是炸薯條和彈牙不黏膩的炸起士，這道炸起士排很受捷克年輕人的歡迎，就連捷克的麥當勞都曾經推出炸起士堡。

獨家推薦

捷克烤鴨 Pečená kachna s červeným zelím

將鴨子放入烤箱烘烤，配上乾麵糰或是馬鈴薯與微甜的紅色捲心菜（紅甘藍），分量十足。

塔塔生牛肉 Tatarák

這道料理在歐洲各國各有不同料理方式，在捷克使用生碎牛肉，加上生雞蛋、黃芥末、匈牙利辣椒等多種香料，之後用生蒜頭塗刮在特製炸麵包上，抹上混好的生碎牛肉，但吃不出生牛肉的味道，非常推薦！

獨家推薦

烘烤豬肉 Vepřové výpečky

這道傳統的捷克料理，雖然普及率不高但是非常講究，利用烤箱長時間烘烤豬肉，逼出其油脂配上簡單的蔥與蒜頭，吃起來入口即化，配上簡單的波菜與捷克麵團，非常可口。如果配上酸菜和白飯，極像臺灣的爌肉飯。

獨家推薦

甜點

捷克小泡芙 Větrník

捷克家家戶戶都熟悉的小泡芙，內餡充滿著濃郁的香草口感，搭上糖霜外衣，受到各年齡的喜愛，有的時候甚至還會推出各種特殊造型。

捷克可麗餅 Palačinka

吃起來像是法式可麗餅，餅皮鬆軟，且做成捲條狀或是法式的方形，獲得各種年齡層的喜愛。

小圓蛋糕 Koláč

通常是將圓型的麵糰中間加上甜餡或是罌粟種子為主，有時候也會在各大鄉村節慶或是婚禮上吃到直徑較大的圓蛋糕。

蘋果派 Jablečný závin

在中歐鄰近國家非常盛行的蘋果派，在捷克也是傳統家常點心之一，使用鬆軟扎實的蘋果粒配上肉桂粉，使用多層的麵皮烘烤，配上鮮奶油或冰淇淋，非常可口好吃。

蜂蜜蛋糕 Medovník

源自斯拉夫人民族甜點，有別於亞洲綿密的蜂蜜蛋糕，捷克的蜂蜜蛋糕使用多層的蜂蜜與核果加上奶霜，配上一壺熱茶，是下午茶的絕佳選擇。

聖誕、新年限定食品

辮子聖誕蛋糕 Vanočky

外表像辮子形狀的聖誕蛋糕是由雞蛋、黃油與麵粉混合，加上葡萄乾與杏仁片一起烘烤而成。象徵耶穌聖嬰裹著布，臥在馬廄裡迎接新生活的到來。

聖誕鯉魚餐 Vánoční kapr

聖誕節前夕到處都可看到販賣新鮮的養殖鯉魚，魚販們將活蹦亂跳的鯉魚當場宰殺處理，通常聖誕夜是使用炸鯉魚排或是鯉魚湯配上馬鈴薯沙拉當作耶誕晚餐。

炸圓餅 Langoš

任何節慶的小吃攤上幾乎都少不了炸圓餅，酥脆的炸圓餅有鹹味的蒜泥起士，或是甜味的 Nutella 榛果醬，滋味非常好。

甜圈捲 Trdelník

源自匈牙利的點心，卻在捷克風行起來。現做的手工麵糰，在傳統木製的滾圈炭烤下，配上肉桂與杏仁片，香脆口感令人喜愛，近年夏天更推出冰淇淋水果餡的口味，到捷克沒吃甜圈捲就枉費此行！

麵包沙拉 Chlebíčky

常常可看到烘焙店裡許多五顏六色與多種麵包切片沙拉，最經典的是火腿蛋沙拉口味，不管是當作點心或是早餐都是不錯的選擇，深受捷克人喜愛。

馬鈴薯餅 Bramborák

酥脆軟嫩的馬鈴薯餅是使用麵粉、雞蛋、大蒜加上馬鈴薯片，有時候也會額外添加燻肉或白菜，是很適合帶著走的小吃。

布拉格烤香腸 Pražská klobása

在慶典市集上面可以看到許多烤香腸攤販，比起德國香腸，布拉格香腸內部以蒜頭、洋蔥等配上家常內餡，多汁可口。在餐廳也會提供烤香腸搭配酸黃瓜或是醃製醬菜當作前菜。

聖誕甜點 Vánoční cukroví

聖誕甜點通常需要包括至少12種的小點心，有小薑餅，或是不同口味的萊姆酒巧克力、椰子球甜點等。大部分的捷克家庭都會親手烘烤餅乾來分送親友或是在聖誕節享用。

新年餐點 Čočka na kyselo

以小扁豆泥配上豬肉片與酸黃瓜，是非常簡單傳統的新年桌上餐點，祈求新的一年帶來財富。

豐富多樣的購物選擇

來到捷克很難不被傳統工藝品與精巧可愛的玩偶給深深吸引,加上親民的價格與多樣化的產品,真的很難讓人顧好荷包!小鎮與布拉格有時候會有些許價差,但是仍然需要貨比三家,有時遇到觀光型的小鎮,價格也不見得便宜。如在布拉格旅遊,推薦可以在老城區的哈維爾市集(Havelské Tržiště)選購比價;食品方面,價格最划算的是大型連鎖超市Tesco。以下為作者推薦的幾款捷克當地製造且富有特色的紀念品。

易樂捷IGRÁČEK

如果擔心啤酒太重,不方便帶回這個號稱每個捷克小孩都有的玩具品牌,堅持在捷克製造已超過40年,將人偶與玩具車行銷至各國。由於變化多樣,非常受歡迎,台灣現由成文國際總代理。

Manufaktura

與菠丹尼類似的保養品牌,近期在捷克快速展店,靠著啤酒與葡萄酒等酒類製品系列手工皂與沐浴用品,吸引了觀光客的喜愛。部分店家也販售捷克木製玩偶與傳統工藝品,推薦滋潤的護唇膏與啤酒皂為人氣商品。

Koh-I-Noor鉛筆

來捷克不買支小刺蝟鉛筆,那就可惜了!多種造型搭配五顏六色的鉛筆,送小朋友或是當裝飾都很特別。水彩色鉛筆或是多色合一的彩色鉛筆都是明星商品,價格親民且品質好,許多構圖專業人士指定推薦,台灣由彩岑公司代理。

Baťa鞋

在臺灣穿La New的鞋子就像是捷克人穿Baťa一樣，在世界上有許多產線的Baťa鞋子，多半為義大利、西班牙工廠製造，天然牛皮的鞋子與皮件加上親民的價格，深受當地人與觀光客喜愛，推薦冬天的雪靴防滑且保暖。位於布拉格瓦茨拉夫廣場的旗艦店樓上也有outlet供遊客選擇。

小提醒：不同店家的促銷活動都不盡相同，所以可多比較。

菠丹妮Botanicus

擁有上百頃有機花園的老品牌，打造出多樣天然的手工皂與精油香氛產品，臺灣已有代理，但由於價差大，所以總是吸引大批觀光客前往。目前在布拉格、捷克克倫洛夫、皮爾森、卡羅維瓦利都有店面。推薦精油與手工皂。但需注意由於玻璃罐裝只有軟木塞頭，建議要搭乘飛機的旅客還是購買PE瓶裝較不會漏出。

小鼴鼠妙妙Krteček

這是捷克的卡通，已行銷到世界各地並翻譯成多國語言，臺灣稱小鼴鼠。小鼴鼠與他的朋友鮮明可愛、積極樂觀、勇於冒險的形象，擄獲了孩子們的心，所以相關產品也在捷克非常出名，甚至在2011年的時候，由太空人Andrew Feustel帶著他捷克裔老婆給他的小鼴鼠登上太空船執行任務，而後推出太空人系列插畫。

提線木偶

在市集與店家都可以看到各種提線木偶，但是價格相差頗大，是因為手工製或機器製造的不同。一般純手工製造價格都需要上千克朗，但是獨一無二，大部分商家都會附上證書以茲證明。如果是機器製造，你可以在老城區大部分的店家找到。

Papelote

這個新設計文具品牌創始於2010年，以環保紙張與許多相關課程與兒童公益活動，加上簡約活潑的設計，深受年輕人的喜愛，且百分之百捷克製造，喜歡筆記本或是紙製用品的朋友可以到市中心的店家一窺究竟。

水晶玻璃

有眾多大小品牌，價差在於做工與雕刻的精細度，其中以摩瑟(Moser)擁有150多年的歷史，頂級奢華的水晶玻璃加上手工塑型與精湛雕刻且不添加矽，深受許多上流名人與皇室喜愛。位於布拉格Na příkopě上的摩瑟是第一家店面，內部依然保有原始的模樣與裝飾。

施華洛世奇Swarovski

源自奧地利的施華洛世奇水晶飾品，由於地緣的關係，在捷克境內也是價格實惠。布拉格與各小鎮都會推出獨有的限定款，不管是收藏或是送禮，都是一個很好的選擇。

啤酒杯

陶製的啤酒杯加上外觀刻畫著捷克或是布拉格的風景，是值得當作擺設的紀念品。值得注意的是有無尖頭的瓶蓋，價格會有落差。

溫泉杯

溫泉杯只能在溫泉鎮買到，多樣造型的溫泉杯加上把手上的特殊飲用口，是非常具有捷克當地特色的紀念品。

Rimowa行李箱

1898年起家，世界知名的德國行李箱品牌，由於其特殊材質與耐用程度受到許多好萊塢影星加持與喜愛，且2017年併入LV集團旗下，價格更是水漲船高。由於品牌價差大，所以德國與捷克都是很好入手的機會，但是你們知道嗎？其輕量款等多種行李箱都是捷克製造的喔！

琥珀、紅榴石、捷克隕石

在捷克，琥珀與有紅寶石之別稱的紅榴石比臺灣還來得便宜，品質好且款式多樣多彩，所以吸引了大批人購買，有興趣的朋友不妨貨比三家。至於特別的捷克隕石由於數量稀少且價格偏高，因為產地在南波西米亞，觀光區不容易買得到，但號稱具有強大的隕石能量，所以也吸引許多人詢問。

O České republice

小房子模型

捷克的房子充滿著五顏六色，一整排看起來浪漫可愛。想帶回家收藏嗎？可以在紀念品店或是查理大橋上買到小房子磁鐵或迷你版小屋子，都是手工製作。

琺瑯杯Smaltované Hrnky

在布拉格的紀念品店裡，都可以看到各品牌五顏六色的琺瑯杯，其中又以小鼴鼠配有布拉格字樣的紀念杯品最受歡迎，不僅攜帶輕巧方便，也是送禮的最佳選擇。

錫製書籤
Cinove Záložka do Knížky

漂亮精緻的手工錫製書籤，不僅樣式特別且逗趣，放進書中更有一種復古的感覺，其中在布拉格黃金巷的總店，最受到旅客歡迎，堪稱送禮的最佳組合。

超市小物

蜂蜜茶包(Medový čaj)

捷克自有品牌Dukát的蜂蜜茶包，濃純清香的蜂蜜味非常地好喝，是搭配點心的好選擇，也是作者最喜歡的茶包之一。此外荷蘭品牌Pickwick也是深受當地人歡迎擁有眾多口味。

捷克可樂Kofola

這個便宜又受到當地人喜愛的Kofola，在某些酒吧亦可見到，喝起來類似黑松沙士，捷克人喜歡加上檸檬與冰塊一起享用。

巧克力Cokoláda

捷克的巧克力在超市裡不僅有多樣化的選擇，品質與口感絕對是必買產品之一！本土品牌Studentská的葡萄核果巧克力更是大推薦。其他德國與奧地利品牌，有時候遇到捷克打折季更是比原產國便宜，絕對不可錯過。

國家公園與森林保護區

　　想探索捷克之美，除了世界文化遺產是不夠的，捷克的國家森林與自然保護區堪稱歐洲十大之美之一，不管是茂密的森林和深幽的峽谷所環繞，亦或是岩石陣與鐘乳石洞都帶給旅客們陣陣驚呼。就像漫步在童話世界般的森林裡，跳脫紛擾的城市享受片刻寧靜，或是搭乘小舟綿延在無數的峽谷的祕境中，享受大自然的呼吸與對話。由於捷克政府的細心維護與管制到現在多處還保有原始的大自然處女地，在捷克的森林中，有多處更被當作許多知名電影的拍攝場景，看到了這裡……還在等什麼呢？快來享受這自然之美吧！

獨家推薦

捷克天堂公園Český ráj

www.cesky-raj.info/en/

　　距離布拉格約90公里的天堂公園，作為捷克第一個被列入聯合國教科文組織的地質公園，不枉其名稱，整個天堂公園如同仙境般的浪漫與不可思議。總占地約700平方公里，由鐘乳石洞山谷、巨型岩石、湖泊交織而成，可以泛舟、攀岩、爬山、欣賞城堡等活動。其中又以名為Prachovské skály的巨型岩石之城，讓人讚歎大自然的鬼斧神工，高達60米的巨型岩石，吸引無數的攀岩者的青睞。從巨石的頂端可以輕易欣賞與俯瞰整個大自然的美景，也可以直接走入巨石陣中的蜿蜒小徑，彷彿置身在迷宮陣中，直接享受與巨石近距離貼近的感覺。

　　可愛逗趣的是，捷克政府也幫這些巨石們依照外型，給予一些奇特的名字，如指揮，燈塔以及龍牙……等。此地適合各年齡層的踏青路線，最特別的是，還承襲了捷克Kid-friendly的特色，設計了專屬的娃娃推車路線，非常適合親子與全家共遊。

捷克天堂公園內部景色

普拉伏奇斯卡之門與Sokolí hnízdo

捷克瑞士國家公園
Českého Švýcarska

獨家推薦

http www.ceskesvycarsko.cz/en/
house-of-bohemian-switzerland

　　瑞士的美景眾所皆知，在捷克，有個媲美瑞士雄偉壯觀與神祕的優地，被列入國家公園，因與德國薩克森瑞士國家公園連結，所以稱作捷克瑞士國家公園。其岩石景觀、幽深的山谷與峽谷錯縱交織，透過健行漫步在峽谷與岩石之中，除了以穿越岩石隧道、川流小溪，更可以搭乘小木舟穿梭山谷，就像是走入童話故事中的浪漫與愜意。

　　精采的還不只如此！在捷克瑞士公園內，有一道號稱歐洲之「最」的普拉伏奇斯卡之門(Pravčická brána)，歡迎著遊客們進入童話故事的世界。雄偉壯闊的普拉伏奇斯卡拱門，根據文獻最早在15世紀被提及，目前更是全歐洲最大的天然砂岩拱門，其橫跨弧形達27公尺、高達21公尺，當你走到拱門下方的時候，很難不被這個渾然天成的自然景觀給震懾住。此拱門也是電影《納尼亞傳奇》的拍攝景點之一；童話故事大師安徒生，更曾經在此創作了著名童話《冰雪女王》的一部分，為此地奠定童話故事美景的地位。

　　由於，2022年與2023年的兩場遊客不當行為，造成國家公園大火延燒數月，目前雖開放旅客前往，但是部分樹林須待歲月累積才能重返2022年之前的風貌，但普拉伏奇斯卡拱門周邊風景不受影響。

國家公園森林景致

接駁車

Srní小鎮

國家公園內景致

舒馬瓦國家公園
Šumava

獨家推薦

http www.npsumava.cz/en/

　　舒馬瓦國家公園不僅是捷克占地最廣、保存最原始、列入聯合國教科文組織生態保護區，更是貫穿捷克的伏爾塔瓦河的源頭地。與德國巴伐利亞邦的黑森林接連，延綿數百里的森林保護區域，是歐洲森林覆蓋最廣的地方。很少有地方能像此處，可以一年四季都展現出不同的優雅浪漫風情，且令人陶醉，許多捷克的傳說與迷信，都是從此處傳出。

　　由於捷克政府長年嚴密的控管，所以此地依然保持著原始純淨的

傳說能治癒疾病的山泉水

美，魔鬼湖和黑湖都蘊藏著冰河時期的遺跡。也因為環境未受破壞，讓許多瀕臨絕種的動植物可以在不受人打擾的條件下，永續棲息與繁殖。捷克政府更以自然生態為前提，規畫多個野生動植物保護區與教育中心(如野生狼群與野生鹿群)，讓旅客可以在規畫好的路線中，看到野生動物的生活型態。

　　湧出的自然純淨的泉水，吸引許多捷克人自備瓶子前往飲用；而透過Javorník山的觀景台，還可遠眺阿爾卑斯山的美景。

　　特別提醒大家，進入保護區看到野生動物，請不要因為拍照或是違反規定，打擾動物們的生活，不僅可能會受政府重罰，也可能危及自身安全。

野生動植物保護區

O České republice

克爾科諾謝國家公園
Krkonoše

http www.krkonose.eu/en

喜歡看雪景與滑雪嗎？克爾科諾謝國家公園是捷克滑雪勝地之一，作者我連續2年跨年都在此滑雪與度假。由於在捷克與波蘭邊界，配有5座大型優質的滑雪中心與設備，且每年冬季都會舉辦跨國滑雪等運動賽事，除了本地人外，總是吸引許多來自鄰近國家的旅客前往滑雪。

不論是孩童還是長者，都配有合適的滑雪課程，與適用的設備租借服務。旅客可以沿著數公里的白色痕跡在山脊上滑行，將整個山脈的美麗自然景色盡收眼底，堪稱捷克滑雪之最，到了冬季真是一位難求。

如果不想滑雪也沒有關係，在

其他季節時，也可以徒步前往充滿神祕色彩的高山苔原，以及開滿五顏六色高原野花的草原，加上不時有許多放養的牧牛與綿羊，真讓人心曠神怡。對了！此國家公園還有許多大小不一的瀑布，Pančavský vodopád是捷克最大的瀑布，水流落入250公尺下的河谷中，非常壯麗。

特別提醒，此地帶由於氣候與地形差異甚大，不管何時前往，都需攜帶保暖衣物，有些山谷中更有終年積雪的景象。

冬季滑雪與森林景致

宏偉的世界文化遺產

從高空俯瞰捷克共和國，可以發現群山圍繞，雖然不靠海，卻有大片面積的湖泊與森林，蘊藏了令人嘆為觀止的地質天然景觀。捷克共和國擁有4個國家公園與25個自然保護區，此外還有15處列為世界文化遺產的瑰寶地與4項世界非物質文化遺產，值得好好花時間一一探索。

布拉格Praha

1992年，布拉格歷史中心被列入世界文化遺產，不僅因為從11到18世紀之間的古建築都保存完好，還有數不清的教堂宮殿，以及華麗典雅的遺跡結合各種建築風格，直到現在仍然保有波西米亞王國的世代風華。

庫納荷拉Kutná Hora

在此的聖芭芭拉大教堂費時500年完工，可以看到許多後哥德式與文藝復興的油畫，教堂內部也充滿與採礦相關的裝飾壁畫。而聖母瑪利亞教堂內部的玻璃窗與巴洛克哥德式教堂風格獨特，兩者皆於1995年被列為世界文化遺產。

捷克克倫洛夫Český Krumlov

　　這座小鎮的整個歷史中心於1992年列入世界文化遺產，一走進捷克克倫洛夫就如同掉入中古世紀的童話故事中，高聳宏偉的城堡全景，整個城鎮復古又浪漫、如詩如畫的哥德、文藝復興、巴洛克建築，且小鎮建築經過5世紀依然保持完好，被譽為全歐洲最美的小鎮之一，果然名不虛傳。

雷德尼采 - 瓦爾季采地區Lednice-Valtice

　　占地300平方公里的雷德尼采–瓦爾季采地區是個適合全家大小踏青與騎腳踏車的好地方，沿途涵蓋無數的歷史古蹟與自然景觀，加上華麗浪漫的城堡與美麗的湖泊，是度假的首選地，也是整個歐洲最大的人工景觀之一。於1996年列入世界文化遺產中。

雷德尼采(Lednice)城堡

瓦爾季采(Valtice)城堡

圖根哈特別墅 Villa Tugendhat

　　位於布爾諾的圖根哈特別墅，到目前為止仍然被譽為世界上最重要的四大別墅之一，它的藝術與經典設計於2001年被列入世界文化遺產。

綠山Zelená hora

　　以5為設計單位，特殊別緻的星型教堂，用以紀念聖約翰內波穆克。結合新哥德式與巴洛克式風格，是偉大的建築師布拉澤依·聖帝尼舉世聞名之作。於1994年列入世界文化遺產。

奧洛穆茨Olomouc

位於市中心，擁有重要歷史與藝術的三位一體紀念柱，不僅是全中歐地區最大無需支撐的巴洛克式雕像紀念柱，也是市民的精神支柱，已於2000年加入世界文化遺產中。

特奇Telč

於1992年列入世界文化遺產的特奇，是由許多可愛的彩色小房子拼湊而成的廣場，裡面有座新哥德式風格的浪漫城堡，一旁圍繞著小鎮的城池，有兼具防衛功能的城牆環繞，就像格林童話般夢幻多采。小鎮房屋最初為木製結構，但因14世紀末的一場大火後，改以石頭重建。

利托米什爾Litomyšl

　　此處的城堡承襲了文藝復興時期拱廊式城堡的建築風格，並包括18世紀增添的鼎盛巴洛克式晚期裝飾物，與拱廊風貌的貴族宅邸，以及其附屬建築都原封不動地保留了下來，於1999年列入世界文化遺產。

克羅梅日什Kroměříž

　　此處的花園與城堡就像掉入伊甸園的故事裡，碩大如同迷宮般的花園讓人讚嘆，型態都保持良好的巴洛克式風格，於1998年列入世界文化遺產。

溫泉金三角 Lázeňský trojúhelník

　　最新列入世界文化遺產的溫泉金三角(卡羅維瓦利、瑪麗安、法蘭提雪克溫泉鎮)，從18世紀起至今從未間斷。百年前的皇室貴族的溫泉療養所與迴廊建構，到現代醫療結合的療養度假村，都在這裡展現世紀絕美風貌不曾退去。

卡羅維瓦利市中心景色

特洛比奇Třebíč

　　想知道猶太人的歷史與過去嗎？穿梭在這個小鎮的每一處，都會發現有關猶太歷史的回憶。此地於2003年列入世界文化遺產，這也是除了以色列以外被授予猶太遺址殊榮的地方。

荷拉休維采Holašovice

看似不起眼的小村落，誕生於西元800年間。經過一千多年的時間，依然保存著與年代同樣數量的建築，且持續維持著傳統生活，就像是一座活生生的開放博物館。於1998年列入世界文化遺產中。

克魯什內山脈礦區 Krušnohoří

克魯什內山脈礦區是2019年被列入世界文化遺產之一的景點。這個重要的礦區分為22個地區，其中5個位於捷克共和國，17個位於德國薩克森州。

在12～20世紀的800多年間，克魯什內山脈礦區所開採的礦別非常多，包括由銀、錫、鈷、銅、鐵，到最後是鈾的開採與處理，所呈現的文化景觀特徵亦非常廣泛，包括採礦設施、冶金設施以及其他採礦活動的歷史遺跡，保存得非常完善。對於採礦和冶金方面的發明和創新，甚至是對全世界礦業法、行政、教育以及貨幣體系的發展，也都有莫大的貢獻。

克拉德魯比國家馬場 Kladruby nad Labem

克拉德魯比的儀式用馬培育與培訓地，是非常獨一無二、數百年來對於馬的培育與訓練一直十分合適的景點。克拉德魯比馬場也是歐洲上最古老的馬場之一，已經有將近500年的馬匹養殖歷史。至今，克拉德魯比白馬依然提供瑞典和丹麥王室被當作儀式馬車使用，擔任著它們的儀式職責，而這裡在2019年被列為了最新的29個世界文化遺產之一。

🔵獨家推薦 世界非物質文化遺產

2005年註冊的維爾布克舞蹈，是捷克特有的傳統男子舞蹈，以雙腳輕跳、屈膝、旋轉的方式舞動，常在新兵入伍的時候表演。

2010年註冊的馴鷹活動，早期訓練老鷹表演如何獵捕食物，現在主要用來驅趕機場附近的鳥群。

2010年註冊的Hlinecko地區嘉年華遊行，每年2月舉辦。承襲百年傳統，村民們穿著傳統服飾與面具，載歌載舞問候各家，最後象徵性屠殺母馬，以比喻春天的到來。

2011年註冊的國王遊行活動，是來自基督教降臨節。小男孩騎著白馬身著女裝，以絲帶遮面，嘴上含著玫瑰花瓣，穿著華麗的裝飾扮演國王，是源自匈牙利國王在1469年從捷克國王喬治統治下逃出的故事。

2016年12月列入的手工提線木偶表演，早期是受歡迎與重要的民間娛樂活動之一，到現在仍然保有其技藝，在各大城市依然是孩童們的最愛。

O České republice

捷克行程樂逍遙

從首都布拉格前往各城鎮之間非常方便，除了開車，火車也是相當不錯的選擇，兩人以上即為團體票，且沿途風光極美。

經典波西米亞15日遊

| 布拉格 | → | 卡爾修坦城堡 | → | 庫納荷拉 | → | 克諾皮許德宮殿 | → | 皮爾森 |
| 3天 | | 1天往返布拉格 | | 1天往返布拉格 | | 1天往返布拉格 | | 1天 |

| 捷克克倫洛夫 | ← | 捷克百威市 | ← | 布拉格 | ← | 卡羅維瓦利瑪莉安溫泉 |
| 2天 | | 1天 | | 1天半 | | 3天 |

經典摩拉維亞10日遊

| 布爾諾 | → | 特奇 | → | 石灰岩洞摩拉斯科克勞斯 | → | 布爾諾 |
| 1天 | | 1天往返布爾諾 | | 1天往返布爾諾 | | 1天 |

| 克羅梅日什 | ← | 利托米什爾 | ← | 布爾諾 | ← | 雷德尼采–瓦爾季采 | ← | 米庫洛夫茲諾伊莫 |
| 1天 | | 1天 | | 1天 | | 2天(2夜為佳) | | 1天 |

捷克浪漫蜜月10日遊

| 布拉格 | → | 卡羅維瓦利、瑪莉安溫泉 | → | 皮爾森 | → | 捷克百威市、特奇 | → | 捷克克倫洛夫 |
| 3天 | | 2天 | | 1天 | | 2天 | | 2天 |

友情狂歡10日遊

| 布拉格 | → | 皮爾森 | → | 卡羅維瓦利、瑪莉安溫泉 | → | 卡爾修坦城堡 |
| 3天 | | 1天 | | 2天 | | 當天往返布拉格 |

| | 利托米什爾 | ← | 布爾諾 | ← | 庫納荷拉 |
| | 1天 | | 1天 | | 當天往返布拉格 |

傾心品酒8日遊

| 布拉格 | → | 皮爾森 | → | 捷克百威市 | → | 布爾諾 | → | 茲諾伊莫 | → | 米庫洛夫 |
| 3天 | | 1天 | | 1天 | | 1天 | | 1天 | | 1天 |

古堡15日遊

| 布拉格 | → | 卡爾修坦城堡 | → | 胡魯波卡城堡 | → | 捷克克倫洛夫城堡 |
| 3天 | | 1天往返布拉格 | | 2天 | | 2天 |

| 雷德尼采–瓦爾季采城堡之旅 | ← | 米庫洛夫 | ← | 利托米什爾 | ← | 特奇城堡 |
| 3天 | | 1天 | | 1.5天 | | 1.5天 |

波西米亞之心
布拉格
Srdce Čech –
Praha

城市印象 O Praze

融合古典的多元浪漫

擁有歐洲之心、百塔之城、萬城之母稱號的捷克首都布拉格(Praha)，可說當之無愧，這個城市如同高貴華麗的雅典娜女神，在伏爾塔瓦河(Vltava)河畔翻閱著歷史書，向人們述說這片土地的過往，以及至今的典雅浪漫。此地四季呈現百變風情，不同於其他城市，在這裡你可以找到歷史文化的遺跡、多樣百變的建築體、震撼動魄的美景、動人心弦的音樂，集多種華美於一身。

布拉格市區約為496平方公里，為臺北市的1.8倍大，總共分成10大區域，其下再細分為22個行政區。而大多數的景點只集中在布拉格1、2區。歷史文化中心分別為坐落在伏爾塔瓦河西岸的城堡區、小城區，以及查理大橋銜接東岸的老城區、猶太區、新城區，外加高堡區，均列入世界文化遺產。

從晨曦到午夜、從神祕浪漫到飲酒狂歡，這裡可滿足所有年齡層的喜愛與迷戀。此處孕育著歷代帝國盛衰的城堡、精湛建築工藝、天文學家的研究中心、卡夫卡(Franz Kafka)筆下的魔幻地、音樂天才史邁坦納(Bedřich Smetana)的創作來源、新藝術大師慕夏(Alfons Mucha)的創作靈感、黑大衛(David Černý)的現代雕塑場……等，這都是布拉格融合多元的驕傲與精神，我確信，這裡將有一趟難以忘懷的旅程等著你們。

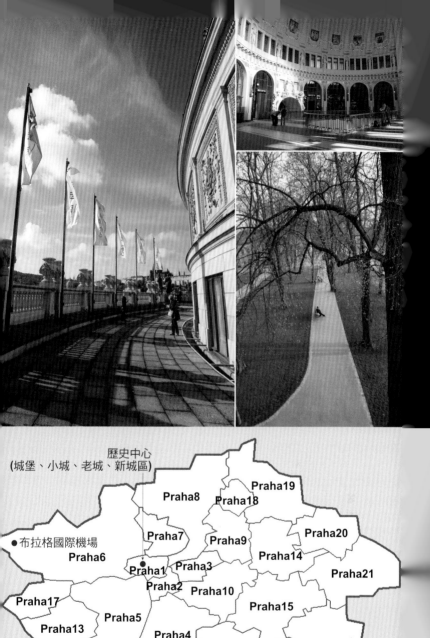

歷史中心
(城堡、小城、老城、新城區)

Praha8

Praha19

Praha18

●布拉格國際機場

Praha7

Praha6

Praha9

Praha20

Praha14

Praha1

Praha3

Praha21

Praha2

Praha10

Praha17

Praha5

Praha15

Praha4

Praha13

Praha11

Praha22

Praha12

Praha16

布拉格全圖

布拉格地圖

城堡區
Hradčany

布拉格城堡 📷

Mánešův most

Letenská

Úvoz

Nerudova

Vlašská

Tržiště

小城廣場

Mostecká

查理大橋

Karlův most 📷

小城區
Malá Strana

Karmelitská

Čertovka

📷 佩特辛公園

Újezd

Vítězná

Most legií

Plaská

Janáčkovo nábřeží

Zborovská

Vodní

Kroftova

Drtinova

Štefánikova

Holečkova

V botanice

náměstí 14. Řijna

Praha

Hořejší nábřeží

Svornosti

Hořejší nábřeží

老城區
Staré Město

布拉格老城區

猶太區
Josefov

Staroměstská

Dlouhá

火藥塔

Náměstí Republiky
市民會館

Na Poříčí

Na Florenci

老城廣場

Hybernská

天文鐘

Karlova

Husova

Michalská

Na příkopě

Nekázanka

Senovážná

Dlážděná

Opletalova

Wilsonova

Panská

Hlavní nádraží

Konviktská

Na Perštýně

新城區
Nové Město

Můstek

Divadelní

Národní

Jungmannovo

中央火車站

國家劇院

Vladislavova

瓦茨拉夫廣場

Václavské náměstí

Ostrovní

國家博物館

Národní třída

Vodičkova

V jámě

Školská

Štěpánská

Ve Smečkách

Krakovská

Mezibranská

Muzeum

Masarykovo nábřeží

Myslíkova

V tůních

Legerova

Resslova

Ječná

跳舞房子

Lípová

Karlovo náměstí

I. P. Pavlova

Na Moráni

U nemocnice

Benátská

Praha

高堡區
Vyšehrad

Pražský hrad

馬術學校
Jízdárna Pražského hradu

布拉格城堡畫廊
Obrazárna Pražského hradu

第二庭院

聖十字禮拜堂
Kaple Sv. Kříže

西班牙廳
Španělský sál

史坦堡宮
Šternberský palác

馬蒂亞城門
Matyášova brána

第一庭院

城堡區星巴克分店
Starbucks

羅瑞塔教堂
Pražská Loreta

史汪森貝格宮
Schwarzenberský palác

U Zavěšenýho Kafe Divadlo Pokračuje

史特拉霍夫圖書館
Strahovská knihovna

Královský letohrádek

皇家夏宮
Letohrádek královny Anny

Mariánské hradby

皇家花園
Královská zahrada

達利波塔
Daliborka

布拉格城堡
Pražský hrad

黃金巷
Zlatá ulička

黑塔
Černá věž

玩具博物館
MEUZEUM HRAČEK

城堡區火藥塔
Prašná věž

Jiřská

洛克維茲宮
Lobkovický palác

Villa Richter
Restaurant

Lobkowicz Palace
Restaurant & Café

Vikářská

聖維特大教堂
Katedrála svatého Víta

聖喬治教堂
Bazilika svatého Jiří

舊皇宮
Starý královský palác

第三庭院

南側花園Jižní zahrady

Zámecké schody

Thunovská

Zámecká

Tomášská

Nerudova

Malostranské náměstí

小城區地圖

Zámecké schody

Restaurace U Mecenáše

Koh-I-Noor美術社

Thunovská

布拉格巧克力店
Pražská čokoláda

聶魯多娃街
Nerudova ulice

Nerudova

小城區廣場
Malostranskéá
náměstí

本偶店
Curiomat

Jánská

Jánský vršek

聖尼古拉斯教堂
Kostel sv. Mikuláše
na Malé Straně

Tržiště

歐美大使館街
Tržiště Ulice

Vlašská

維特巴花園
Vrtbovská zahrada

勝利聖母教堂(聖嬰教堂)
Kostel Panny Marie Vítězné

佩特辛公園
Petřín

Hellichova

纜車
Nebozízek

U lanové dráhy

纜車
Petřín

纜車
Újezd

國家民俗博物館
Národopisné
muzeum-Musaion

輕軌Malostranská

地鐵
Malostranská

華倫史坦公園
Valdštejnská zahrada

輕軌
Malostranské náměstí

Amadea

Mostecká

卡夫卡博物館
Franz Kafka Museum

Smaltum琺瑯杯

Cukrkávalimonáda

Pork's

查理大橋
Karlův most

鎖鏈橋與老水車

約翰・藍儂之牆
Lennonova zeď

國家音樂博物館
České muzeum hudby

U Modré Kachničky

輕軌Hellichova

Luka Lu

Cantina

U knoflíčků

坎帕島
Kampa

射手島Střelecký ostrov
（周杰倫拍婚紗地）

輕軌Ujezd

Bella Vida café

Kolkovna Olympia

Most Legií

59

Čechův most

巴士+輕軌
Právnická fakulta

魯道夫音樂廳
Rudolfinum

17. listopadu

Břehová

猶太區
(請見P. 62)

Mánesův most

裝飾藝術博物館
Uměleckoprůmyslové museum v Praze

Široká

卡夫卡出生家
Franz Kafka's Birthplace

Marina Grosseto Ristorante

Valentinská

輕軌Staroměstská

M地鐵Staroměstská

Maiselova

Mistral Cafe

The pub

Platnéřská

布拉格市立圖書館
Městská knihovna
v Praze

查理大橋
Karlův most

聖方濟史拉分尼教堂
Sv. Františka Serafínského

Křižovnická

克萊門特學院
Klementinum

聖尼古拉斯教堂(老城區)
Kostel svatého Mikuláše

Husova

Jilská

十字軍廣場
Křižovnické náměstí

Karlova

查理大橋博物館
Národní divadlo marionet

查理街
Karlova ulice

Karlova

克拉姆-葛拉斯宮
Clam-Gallasův palác

U Zlatého tygra

Anenská

Liliová

史邁坦納博物館
Muzeum Bedřicha Smetany

Zlatá

Stříbrná

Choco Café

輕軌Karlovy lázně
(只停靠單向)

Lehká hlava

Boršov

伯利恆禮拜堂
Betlémská kaple

Smetanovo nábřeží

Karoliny Světlé

Divadelní

Karoliny Světlé

Konviktská

Bartolomějská

Pruchodní

Na Perštýně

Štefánikův Most

巴士 Nemocnice Na Františku

Dvořákovo nábřeží

Na Františku

Řásnovka

Hradební

Haštalská

輕軌 Dlouhá třída

Bílkova

Dušní

Věžeňská

U obecního dvora

Rámová

Dlouhá

Naše maso

Kozí

V Kolkovně

Masná

RIMOWA

Kostečná

Dlouhá

菠丹妮 Botanicus

Malá Štupartská

Rybná

地鐵+輕軌 Náměstí Republiky

Pařížská

聖雅各伯教堂 Kostel svatého Jakuba Většího

巴黎街 Pařížská ulice

老城廣場 Staroměstské náměstí

金斯基宮 Palác Golz-Kinských

Královdvorská

Náměstí Republiky

Franze Kafky

Týnská

提恩聖母教堂 Týnský chrám

石鐘之家 Dům U Kamenného zvonu

火藥塔 Prašná brána

胡斯雕像 Pomnik mistra Jana Husa

一分鐘之屋 Dům U Minuty

Swarovski 斯華洛世奇

Celetná

采萊特納街 Celetná ulice

舊市政廳與天文鐘 Staroměstská radnice a Pražský orloj

斯托胡之家 Štorchův dům

Grand Café Orient

Staroměstské náměstí

Kamzíkova

Bageterie Boulevard

Na příkopě

Hotel U Prince

Železná

Apm & Les Néréides

Kožná

卡羅麗娜學院 Karolìnum

Melantrichova

曼菲蘿 Manufaktura

Ovocný trh

史塔沃夫劇院 Stavovské Divaldo

小廣場 Malé náměstí

Havelská Koruna

Havlířská

Michalská

哈維爾市集 Havelské Tržiště

Provaznická

小鼴鼠的玩具店 Hračky U Krtečka

Angelato

Na můstku

Bageterie Boulevard

Havelská

V kotcích

Rytířská

28. října

Václavské náměstí

Skořepka

Martinská

地鐵 Můstek

U Pinkasů

瓦茨拉夫廣場 Václavské náměstí

Národní

猶太區地圖

Břehová

Elišky Krásnohorské

Dušní

Na Rejdišti

田樂街

西班牙猶太會堂
Španělská synagoga

U Sv. Ducha

葬儀大廳
Obřadní síň

Maiselova

舊新猶太會堂
Staronová synagoga

17. listopadu

克勞斯猶太會堂
Klausová synagoga

Pařížská

輕軌站
Právnická fakulta

舊猶太公墓
Starý židovský hřbitov

Široká

Kostečná

Široká

平卡斯猶太會堂
Pinkasova synagoga

Valentinská

Salvátorská

瑪瑟爾猶太會堂
Maiselova synagoga

Žatecká

Jáchymova

高堡區地圖

夏日戶外劇場
Letní scéna

Vratislavova

高堡區砲台
Vyšehradské
Kasematy a Gorlice

U Kroka

紅磚之門 Cihelná brána

高堡區公墓
Vyšehradský hřbitov

V Pevnosti

惡魔之石
Čertův sloup

聖彼得聖保羅大教堂
Kapitulní chrám sv. Petra a Pavla

K rotundě

聖馬丁圓型小教堂
Rotunda sv. Martina

利奧波德門
Leopoldova brána

高堡區雕像
Sousoší

Soběslavova

Lumírova

V pevnosti

通往地鐵站
Vyšehrad

Libuš澡堂遺跡
Libušina lázeň

哥德式酒窖與高堡區歷史展覽
Gotický sklep a stálá expozice
Historické podoby Vyšehradu

泰柏門
Táborská brána

新城區地圖

Naše maso

市民會館
Obecní dům
Obecní dům, Plzeňská restaurace

Ambiente Brasileiro

護城河街(步行街)**Na příkopě**
Hamleys玩具店

摩瑟水晶玻璃 Na příkopě

Panská

Café Savoy

U Vejvodů

皇冠大樓
Palác Koruna
地鐵**Můstek M**

慕夏博物館
Muchovo Muzeum Praha

國家劇院主館
Národní Divadlo

國家高等科學研究院
Akademie věd České republiky

Baťa鞋

Václavské náměstí

斯拉維亞咖啡館
Kavárna Slavia

U Medvídků

Zlatý kříž

輕軌 **Václavské náměstí**

國家大道**Národní třída**

28. října

盧森納大樓
Lucerna Palace

Národní

羅浮咖啡館
Café Louvre

My Národní TESCO

Myšák

輕軌
Národní divadlo

Voršilská

Ostrovní

Purkyňova

輕軌**Národní třída**

Palackého

V Jámě

諾瓦克大樓
Novák Arcade

國家劇院之新舞臺
Nová scéna Národního divadla

Quadrio

Vladislavova

Jungmannova

輕軌**Vodičkova**

Školská

Štěpánská

ePipí

伏爾塔瓦河
Vltava river

Na struze

U Fleků

地鐵**Národní třída**

Lazarská

Vodičkova

Šítkova

Vojtěšská

輕軌**Myslíkova**

Černá

Spálená

布拉格新市政廳
Novoměstská radnice Praha

Navrátilova

Příčná

Řeznická

Ve Smečkách

Myslíkova

Na Zderaze

Odboru

輕軌**Odborů**

Karlovo náměstí

Žitná

Na Rybníčku

V tůních

跳舞的房子
Tančící dům

Náplavní

Gorazdova

Resslova

輕軌
Karlovo náměstí

地鐵
Karlovo náměstí

輕軌
Štěpánská

Ječná

Salmovská

Lipová

64

輕軌 **Dlouhá třída**

Soukenická

Truhlářská

Zlatnická

Samcova

Petrská

Těšnov

地鐵**Florenc** Ⓜ

布拉格市立博物館
Muzeum hlavního města Prahy

Revoluční

Na Poříčí

帝國酒店咖啡廳
Café Imperial

Palladium

Na Florenci

Náměstí Republiky

Ⓜ 地鐵
Náměstí Republiky

海伯麗娜劇院
Divadlo Hybernia

Havlíčkova

輕軌**Masarykovo nádraží**

Hybernská

Potrefená Husa

Dlážděná

Wilsonova

Senovážná

Koh-I-Noor
禮品店

Nekázanka

輕軌
Jindřišská

Jeruzalémská

耶路撒冷猶太會堂
Jeruzalémská Synagoga

Jindřišská

Modrý Zub

U půjčovny

Růžová

地鐵與中央車站Ⓜ
Hlavní nádraží

郵政總局
Hlavní Pošta

Olivova

布拉格中央火車站
Praha hlavní nádraží

大型書店
Palác knih Luxor

Opletalova

瓦茨拉夫廣場
Václavské náměstí

國家劇院之歌劇院
Státní opera

VÝTOPNA

Ⓜ 地鐵
Muzeum

國家博物館主館
Národní museum

Krakovská

Mezibranská

Legerova

Hálkova

Ⓜ 地鐵**I. P. Pavlova**

布拉格其他景點與住宿地圖

Podbabská

布拉格動物園 Zoo Praha

特洛伊宮殿 Troja zámek

Papírenská
Ve struhách

Na Štáhlavce
Šlejnická
Terronská

Rooseveltova

國家科技圖書館
Národní technická knihovna

Pelléova
Bubenečská
Pod kaštany
Korunovační

Evropská **M Dejvická**

Svatovítská

M Hradčanská
M.Horákové

Pevnostní

大眾運輸博物館
Muzeum MHD
Jelení
Mariánské hradby

Náměstí Edvarda Beneše

布拉格城堡區
Dvořákovo nábřeží

Patočkova
Myslbekova
Keplerova

Malostranská M

Staroměstská M

老城區

小城區

Újezd

Můstek M

Národní třída M

Žitná

Ječná

Štefánikova
Zborovská

Karlovo náměstí M

Hořejší nábřeží
Rašínovo nábřeží

Dušková

Anděl M

Staropramen
啤酒廠

Radlická

Trojská

Povltavská

V Holešovičkách

Povltavská

布拉格世貿中心
Výstaviště Praha Holešovice

Varhulíkové

Argentinská

Ⓜ Nádraží Holešovice

DOX當代藝術中心
DOX centrum současného umění

U Uranie

U Výstaviště

U průhonu

Dělnická

Jankovcova

Veletržní

Dukelských Hrdinů

Jatečni

Bubenská

Ⓜ Vltavská

Bubenské nábřeží

國家藝廊主館
Veletržní palác - Národní galerie

Ⓜ Invalidovna

Rohanské nábřeží

Štefánikův Most

Sokolovská

Ⓜ Křižíkova

Ⓜ Florenc

Pernerova

Ⓜ Náměstí Republiky

📷 國家民族解放紀念館
Národní památník na Vítkově

Husitská

Wilsonova

Seifertova

Ⓜ Hlavní nádraží

Olšanská

布拉格TV塔
Žižkovská věž

Ⓜ Muzeum

Italská

新城區

Vinohradsky館
Vinohradský Pavilon

Slavíkova

Ondříčkova

Lucemburská

Ⓜ Flora

La Bohème Café

Vinohradská

Ⓜ Jiřího z Poděbrad

Slezská

比利時餐廳Bruxx

Legerova

Anglická

Sokolská

📷 🍴 Ⓜ Náměstí Míru

Šrobárova

Benešovská

聖魯德米利教堂
Kostel sv Ludmily

Belgická

J. Masaryka

Francouzská

Ruská

Bělocerkevská

Ⓜ

I.P.Pavlova

Vršovická

遊歷布拉格，可以從最基本的2日遊到一生一世，各處都是驚喜與歷史，曾有人說即使住在這城市一輩子也不會感到厭倦，因為它的美是隨時呈現不同風貌。即便你過了半輩子再重遊此地，它依然存在你熟悉的那份感覺與歷史場景。

皇家之路2日遊

最受觀光客歡迎的路線為查理國王加冕必經的皇家之路，我建議由上(城堡區)往下(新城區)走較為省時省力。

Day 1

布拉格城堡 ➜ 小城區

Day 2

查理大橋 ➜ 老城區、猶太區 ➜ 新城區

經典3日遊

Day 1

布拉格城堡 → 小城區

Day 2

查理大橋 → 老城區 → 猶太區 → 火藥塔＋市民會館

Day 3

火藥塔＋市民會館 → 護城河街(步行街) → 瓦茨拉夫廣場＋國家博物館 → 國家劇院 → 跳舞房子

從容不迫5日遊

Day 1

史特拉霍夫＋羅瑞塔教堂 → 布拉格城堡 → 小城區

Day 2

查理大橋 → 老城區 → 猶太區 → 火藥塔、市民會館

Day 3

護城河街(步行街) → 瓦茨拉夫廣場 → 國家劇院 → 跳舞房子 → 高堡區

Day 4

特洛伊城堡 → 布拉格會展中心 → 國家藝廊

Day 5

魯道夫音樂廳
↓
卡夫卡博物館、坎帕島
↓
佩特辛公園
↓
TV 塔
↓
和平廣場

交通方式

布拉格市中心交通是我旅行過多數國家的便捷之最，有地鐵(Metro)、巴士(Autobus)、輕軌電車(Tram)、纜車(Lanovka)，不僅省時方便，價格也非常便宜，其中巴士與輕軌更是24小時運作。但需注意購票後要在第一次乘坐時打入票卡，標記啟用時間點，打票後依照購買時數自由搭乘。

大眾運輸票種與票價 (一票暢遊地鐵、巴士、輕軌、纜車)

* 只有購買 24/72 小時可免費搭乘纜車

票種 / 票價克朗 (CZK)	成人票價	60 歲以上長者票價
30分鐘內無限搭乘	30	15
90分鐘內無限搭乘	40	20
24小時內無限搭乘 (可攜帶1大件行李)	120	60
72小時內無限搭乘 (可攜帶1大件行李)	330	無提供
纜車	單程為 60 克朗 (如已購買 24/72 小時票種則可免費乘坐，強烈建議如需搭乘纜車，請購買 24 小時以上票種)	

＊資料時有異動，請以官方公告為準　　　　　　　　　　　　　(製表／張雯惠)

如何乘坐

地鐵Metro

地鐵只有3條線(A綠線、B黃線、C紅線)，月台看板上的實心圓點為你現在的位置，如果要去的站在實心的右邊請往右邊的月台，在左邊請往左邊月台。

布拉格地鐵月台與手扶梯

輕軌電車Tram、巴士Autobus

輕軌電車站牌下會標示著電車的號碼、停靠站與時間，所在站名會以粗體黑線標示，行走方向為此站下列的站名，如果發現要前往的站名在粗線上方則請至對向搭乘。站名旁的小數字為抵達所需要的分鐘數，時間則為週一～五(Pracovní den)行駛時間，週六(So)、日(Ne)與國定假日行駛時間。號碼91～99為夜間輕軌電車，900號以上則為夜間巴士。

布拉格輕軌電車

巴士

佩特辛公園纜車Lanová dráha na Petřín

纜車也包含在大眾運輸票價內，如果要前往山上的小巴黎鐵塔，可以使用纜車服務，但需注意纜車在3～4月與10月會定期維護，營運時間為11～3月，營運時間為全年08:00～23:00，每10~15分鐘發車。

計程車TAXI

布拉格的計程車公司很多，但是許多不肖業者會因為貪圖觀光客的錢而亂報價，所以如果要選擇費率較合宜的計程車公司，對旅客來說AAA是合法且說英文的公司。或是旅客可以使用Uber或Bolt App叫車。

旅行小抄

交通購票注意須知

請不要以僥倖的心態逃票，時常會有隨機抽檢的工作人員，一旦逃票被抓則是當場現金重罰，無法繳款會送警局。

走在路上請注意兩邊路上電車是否有通行，影響電車行進也可能觸犯法律。

布拉格 重要電影場景

獨家推薦

布拉格可說是許多好萊塢著名場景片段的拍攝地，所以如果是電影迷的朋友們，跟著下面挑選的幾個知名場景一起去追星吧！

查理大橋

特洛伊宮殿《悲慘世界》

1984～1999年代：

史塔沃夫劇院《阿瑪迪斯》

頭一部讓布拉格打開電影知名度的電影是《阿瑪迪斯》(Amadeus)，該片獲得奧斯卡8項大獎，其場景遍布布拉格小城區。而後是1996年湯姆‧克魯斯的代表作之一《不可能的任務》(Mission: Impossible)，該系列電影曾經贏得第12屆最賣座電影系列的冠軍，全球票房達到20億美元。到了20世紀末，由小說改編的《悲慘世界》(Les Misérables)，也讓世人再次看到布拉格的美。

市民會館《不可能的任務》

Praha

布拉格中央火車站
《恐怖旅社》

坎帕島《神鬼認證》

魯道夫音樂廳《天降奇兵》

波西米亞之心——布拉格

布拉格重要電影場景

2000～2005年代：

　　這5年可說是布拉格電影熱的時期，從《騎士風雲錄》、《神鬼認證》、《神鬼拍檔》、《刀鋒戰士2》、《天降奇兵》、《皇家威龍》、《地獄怪客》、《麻雀變鳳凰》、《恐怖旅社》、《毀滅戰士》等，部部都是膾炙人口、口碑極佳的影片，很多地方其實都是在布拉格取景，只是戲中喬裝成英國或是其他歐洲國家。

Střelecký 島
《神鬼拍檔》

國家民族解放紀念館
《地獄怪客》

聶魯多娃街
《神鬼拍檔》

巴黎街《麻雀變鳳凰》

2006～2023年代：

Hanavský pavilon 餐廳
《交響情人夢》

國家博物館
《007 皇家夜總會》

市民會館
《我曾伺候英國國王》《灰影人》

　　除了歐美大片之外，布拉格也吸引許多亞洲國家前往拍攝偶像劇、廣告、電影，其中為台灣人熟知的有日劇《交響情人夢》、電影則有《007皇家夜總會》、《玫瑰人生》、《刺客聯盟》、《納尼亞傳奇之賈斯潘王子》、《特種部隊》、《寂寞拍賣師》等。疫情後2022年Netflix年度The Grey Man《灰影人》也都在捷克拍攝。許多拍攝項目可以上網參考www.filmcommission.cz。

帝國酒店，林俊傑《學不會》MV

73

布拉格 市集特輯 Pražské Trhy

獨家推薦

想要了解在地文化與美食,通常都會從傳統市集著手,透過大小不同主題的露天市集,可以觀察到捷克特有的美食、文化與人文交流。以下獨家推薦4種各有特色的市集,提供觀光景點外的另一種選擇。

農夫市集 Farmářské Tržišt

傳統竹編籃子

布拉格至今仍保留著最古老的露天市集——1232年的哈維爾市集(見P.129),而近幾年如同雨後春筍般,再度吹起露天農夫市集的風潮,其中又以每週六在Náplavka河堤旁的農夫市集,最能表現出在地小吃受歡迎的程度。

捷克人喜歡一手提著竹編的籃子,攜家帶眷地前往購買季節性蔬果、花、果汁、橄欖油、工藝品,與許多具有特色的糕點、義大利麵、現炸的海鮮、獨特的漢堡、起士,甚至產地直送的牛(羊)奶、雞蛋……等,活生生就像個美食節。Náplavka市集旁有許多微型咖啡、啤酒攤販林立,除了逛市集外,三五好友可以坐在河畔旁的長椅,欣賞沿河美景與遠眺城堡區,非常地愜意浪漫。記得品嘗此市集的蘑菇湯品,非常濃郁好喝,不可以錯過唷!

聖誕市集 Vánoční trhy

布拉格的聖誕市集,號稱全世界十大聖誕市集之一,不僅美麗浪漫,其開放時間號稱歐洲最長,讓人可以盡情地享受聖誕氛圍,每年高達數百公尺的耶誕樹,更是不可錯過。由於此露天市集位在冬天舉行,所以可以品嘗到熱紅酒、水果酒與獨特釀造的熱蜂蜜酒,除此之外,還可在市集中購買到傳統手工聖誕樹吊飾、傳統甜點等特殊季節性商品。

復活節市集Velikonoční trhy

在歐洲，復活節不可或缺的就是復活節彩蛋和兔子，捷克還有販售各種大小的彩帶藤條。由於捷克的復活節傳統，男士需要持彩帶藤條輕打女性(見P.19)，所以許多男士們也會前往市集慶祝此傳統。手工繪製與雕刻的彩蛋，由於精緻又特別，非常適合珍藏或是送禮唷！

傳統彩帶藤條

復活節市集場景

創意市集Dyzajn market

每年在布拉格國家劇院前的哈維爾廣場(náměstí Václava Havla)和世貿中心(Výstavište)，這兩地都會輪流有一年四次的創意市集，總是吸引大批年輕人與喜好獨特商品的人士前往。大多數的攤販都秉持著Made in Czech Republic和Design in Czech Republic的概念，設計與創造出許多在地商品與小物，很多的物品都是市面上無法買到，其中也有許多新銳設計師創造的自有品牌，是非常適合想要送給親朋好友獨特禮物的尋寶處。部分商家不接受信用卡付款，所以行前請再次確認是否有足夠的現金。

Hradčany
城堡區

概
況
導
覽

布拉格最顯眼的區域,就是聳立在山丘上的城堡區,走進城堡區就像是走進哈利波特的世界那樣不真實,因為這裡美不勝收的景致與多樣化的建築,都代表著歷史的遺跡,讓人目不轉睛,深怕遺漏任何一個部分。城堡區坐落在伏爾塔瓦河西岸的小山上,可以從此處遠眺整個布拉格市中心,也是布拉格的必遊景點之一。整個城堡區在 1784 年前曾是獨立的小城鎮,直到後來與老城、小城區與新城區合併為布拉格市。最具特色的地方是整個區域環繞的布拉格城堡,不僅只是觀光景點,如今仍為捷克總統府與其他公家單位的辦公地點。

城堡區建議行程表

0.5小時	1小時	1小時	1小時
史特拉霍夫圖書館	羅瑞塔教堂	史汪森貝格宮	馬蒂亞城門(看守衛交接)

0.5小時	0.5小時	1小時	1小時
黃金巷	聖喬治教堂	舊皇宮	聖維特大教堂

0.5小時	1小時	1小時	0.5小時
達利波塔	南側花園	聖十字禮拜堂	皇家花園

20分鐘
皇家夏宮

世界第一大城堡遺址
布拉格城堡
Pražský hrad

- ✉ Pražský hrad, 119 08, Praha 1
- ☎ 224 373 584
- ⏱ 展館4～10月09:00～17:00，11～3月09:00～16:00
- ➡ 輕軌22、23號至Pražský hrad
- http www.hrad.cz/en

票種	全票	折扣	家庭票
城堡 基本路線	250	125	500
城堡 常態展覽	200	150	400
聖維特大教 堂登頂塔樓	150	X	X
拍照許可證	50 (不允許使用三腳架與閃光拍攝)		

(幣值：克朗 CZK)

★折扣票為6～16歲青年、26歲以下全職學生或65～69歲敬老票
★家庭票為2名大人與最多5位16歲以下青年
★有效時間為售後2天內使用完畢，不可重複進入
❓目前布拉格城堡並未提供固定中文導覽時間，如需中文持證導遊導覽請洽官網www.golden-pear.cz
MAP P.54、P.57

城堡基本路線：舊皇宮、聖喬治教堂、黃金巷、聖維特大教堂
城堡常態展覽：城堡歷史展覽、布拉格城堡畫廊

第一庭院

第二庭院

城堡區一景

Hradčany

布拉格城堡區夜景

　　布拉格城堡是全世界最大的城堡建築群，從波西米亞國王、神聖羅馬帝國國王，到現在的總統，都在此治理國家大事，是個兼具代表性與歷史意義的地方。城堡區內包含了4個教堂、4座宮殿、6座花園與馬術學校、黃金巷等，展現多樣化的建築風格與歷史痕跡。尤其每5年開放一次參觀的波西米亞王皇冠，以及不定期開放的查理四世與瓦茨拉夫棺木都造成轟動人潮，有興趣的讀者請記得預做準備。

旅行小抄

省門票參觀有訣竅

如果想省門票錢的朋友們，黃金巷在營業時間後是免費開放參觀的，聖維特大教堂可以免門票進入，但是進入教堂內部則需要門票。如果想避開人山人海的排隊潮，城堡區除展館到下午外，其他大眾區域夏日都是到22:00。

你們知道嗎？由於地面上的路磚都是古老的鵝卵石塊保留到現在拼接而成，路面不平整對於穿薄底鞋子的路人非常的吃力，所以建議大家要備妥厚底好走的鞋子。由於這種路面凸出平滑的形狀，在捷克人眼中就像小貓的頭一樣，所以又稱作小貓頭路(Kočičí hlavy)。

城堡區排隊人潮

聖維特大教堂後方庭院

史特拉霍夫修道院通往城堡廣場

布拉格城堡 超越半世紀的雄偉教堂
聖維特大教堂
Katedrála svatého Víta

ⓒ 因應彌撒等教會活動，煩請事前查詢官網
http www.hrad.cz/en/prague-castle-for-visitors
MAP P.57

大教堂背側

聖維特大教堂是整個布拉格最宏偉動人的教堂，其建造始於西元930年前後，直到1929年才真正完工，經歷數名建築師的設計傳承，顯得非常得天獨厚。此座教堂也是布拉格總主教堂，歷任的皇室成員都安葬此處。一直以來，此地都是布拉格的精神象徵之一，也是中歐地區第一座哥德式的大教堂。

最早是波西米亞公爵瓦茨拉夫一世(Václav I)下令在此地建造亭子，直到百年後建起一座羅馬教堂。到了14世紀，在此基礎上建立哥德式教堂，第一位建築師是來自法國的Matthias of Arras，他深受法國後古典時代影響，從祭壇部分著手設計總體格局，3個中殿與飛扶壁、5個隔間唱經樓，以及輻射狀的小禮拜堂，但他生前只建成了唱經樓的東端部分。

Matthias of Arras去世後，由德籍的石工匠Peter Parler接手，依照其遺留下的計畫，加上自己的想法完成北側唱經樓與南側

大教堂塔樓與側面金門

加冕皇冠展

玩家交流

捷克國寶被收藏在布拉格城堡之後，就成為波西米亞國王加冕用的珍寶，放置位置為原本的法器寶藏室，是到19世紀才改為擁有7把鎖的皇冠珍寶室，只有在特定時間才會公開展出，最近的一次展出是在2023年。這些文物為查理四世下令製造，為自己在14世紀加冕時所用。為了保護它，查理四世下令如有任何人竊取此皇冠，將會永遠被逐出教會。皇冠上用2個十字黃金弧形為裝飾，帶有4朵花型設計，

皇冠展在聖維特大教堂內部場景

國王加冕法器

是依照普謝米斯爾王朝時用的皇冠設計。王權蘋果是以純金打造，高22公分，兩半球上雕刻著聖經中猶太大衛王時期，與6個獅身女首雕像。長度67公分的金權杖，以4顆綠寶石、珍珠為裝飾，重達1公斤。這些珍寶都是16世紀神聖羅馬帝國加冕用珍寶，獨一無二、無可取代。

小禮拜堂，教堂雄踞高聳的鐘樓也是由他完成，可以堪稱是此教堂主要的建築設計師。他大膽而創新的設計帶來建築上的哥德元素，進而創造一個獨特的新綜合體。帶有交肋的穹廬頂是因為他的專業是雕塑，因而他對待建築如同雕塑一般。另外他也建造了教堂內部的聖瓦茨拉夫禮拜堂，牆壁下方裝飾著1,300個半寶石與耶穌受難畫作，牆壁上方都是聖瓦茨拉夫的生平壁畫，該禮拜堂的一側有一個設有7道鎖的小門，通往放置著被視為國寶的波西米亞加冕皇冠的王冠室，目前只有特定的日子才會開放展出。

教堂內部全景

慕夏大師的畫窗　　　　教堂內部全景　　　　　　　教堂正面

而旁邊的聖十字禮拜堂通往皇家地下陵墓，放置查理四世(Karel IV)、瓦茨拉夫(Václav)等君王的棺木。此外Peter Parler也修建了查理大橋，直到他去世為止。他的兒子之後接下他的職務，建成了鐘樓和南側耳堂的山形牆，上面描繪著金色馬賽克的最後審判，國王們正是通過這扇門進入主教座堂舉行加冕典禮。直至1419年教堂建設終止。

到16世紀後期，蒂羅爾與沃爾慕特為鐘塔加上文藝復興式的屋頂，其巴洛克式的尖頂是18世紀才加上去。19世紀莫克承襲了Parler的計畫，繼續建造教堂大門，直到1929年由西爾柏特完成。

氣勢宏偉的內部主要分為3個大殿，主殿長124公尺、高33公尺，擁有色彩繽紛的彩色玻璃窗，出自許多20世紀捷克知名的藝術家之手，如新藝術大師慕夏(Alfon Mucha)的玻璃座在左殿的第三間禮拜

玻璃繪畫窗

堂；門口的大圓花式玫瑰窗是1925年間由Frantisek Kysela所設計，上方的玻璃藝術描繪了創世紀中的場景。外側南大門(或稱金門)上放有一幅鑲嵌畫描繪的則是末日審判的場景，一共使用了4萬多片的玻璃完成。

瓦茨拉夫禮拜堂

聖內波穆克棺

布拉格城堡　萬紅頂中一點綠
皇家夏宮
MAP P.57 Letohrádek královny Anny

✉ Mariánské hradby 52/1, 118 00 Praha 1

皇家夏宮又稱為安妮女王宮，在皇家花園東側的音樂噴泉前，於16世紀由斐迪南一世(Ferdinand I)為他的妻子安妮女王所建造，是1538～1560年之間最乾淨的文藝復興式建築，現在多作為藝術畫廊和展覽中心。從此處走下旁邊的階梯通往城堡入口處，可以一覽聖維特大教堂完整側景。

安妮女王宮正面與側面

布拉格城堡　會唱歌的花園
皇家花園
Letohrádek Zahrada

🕐 4～10月10:00～18:00　**MAP** P.57

城堡區內最著名的花園非皇家花園莫屬，最初於1534年由斐迪南一世(Ferdinand I)建造，為文藝復興風格，但隨著時間的推移，經過幾世紀的增建，由眾多不同部分組成。花園內最著名的為東側的皇家夏宮與西側的愛德華·貝奈斯博士(Dr. Eduard Beneš)別墅和2座大型的溫室栽種區，於冬季關閉時栽種花草植物。值得一提的是在皇家夏宮前有一座音樂噴

音樂噴泉

泉，是1568年打造聖維特大教堂時鐘的湯瑪斯·亞洛士(Tomáš Jaroš)製作，常可聽見噴泉水滴落在青銅盤上所發出的悅耳聲音。另外在夏天入口處右方不定期有開放式的貓頭鷹與老鷹觀賞區，提供遊客拍照。

從花園觀看聖維特大教堂　　　　　花園景致

寧靜寬敞俯瞰布拉格城堡教堂

馬術學校
Jízdárna Pražského hradu

🕐 每日10:00～18:00　🗺 P.56

位於皇家花園正前方，有座大型巴洛克式建築，該建築早期是專為騎馬訓練和貴族騎馬取樂修建，原立面有2個雕像，但在一次重建中消失，現為皇家帝國鷹的

馬術學校側面風景

立面。1760年，馬術學校被燒毀重建後，長期做為倉儲之用。目前這裡是布拉格重要的展覽館，不定期舉行藝術展覽。值得一提的是從馬術學校可以觀賞城堡區聖維特大教堂的北面景觀。

世代權力的象徵

舊皇宮
Starý královský palác

🕐 4～10月09:00～17:00，11～3月09:00～16:00　🗺 P.57

舊皇宮最初是石材基底的木造建築，後來於12世紀才改建成羅馬式風格，但是隨著歷任在位者的修繕，最後添加了哥德、文藝復興等風格。由於16世紀的大火摧毀部分房間，現在所看到的都是在原址重建後的遺址。舊皇宮總共有3個樓層，最受矚目的為入口處弗拉季斯拉夫廳（Vladislavský sál），採用挑高哥德式的天拱屋頂，是國王們主

舊皇宮出口處

持會議的廳室，也是中世紀布拉格最大的廳堂，從1918年起也用於捷克總統宣誓就職等大型慶祝活動。

皇宮內部

老皇宮國王國事宴會大廳

Hradčany

布拉格城堡　華麗高貴的珍寶傳承
聖十字禮拜堂
Kaple Sv. Kříže

Ⓒ 每日10:00～17:00，12/24與12/31開放至16:00　MAP P.56

　　目前在此展出從11世紀以來聖維特大教堂擁有的139件珍寶，大部分為鍍金銀或是純金的寶物，包括極具歷史意義的聖骨盒與宗教儀式法器。聖十字禮拜堂為洛可可風格，於18世紀瑪麗亞・泰瑞莎在位期間完成整修，內部高貴華麗，尤其祭壇前的十字架與牆面上的濕壁畫值得一看。

禮拜堂外觀

布拉格城堡　城堡區最老的教堂
聖喬治教堂
Bazilika svatého Jiří

Ⓒ 4～10月09:00～17:00，11～3月09:00～16:00　MAP P.57

　　聖喬治教堂始建於10世紀，也是所有捷克教堂中最古老的教堂之一，是保存最好的羅曼式建築。經過多次的破壞與重建，17世紀時又增添了巴洛克式的立正面。教堂內部中廳升高以廊旁的階梯可通往半圓形的屋頂與唱詩堂，在此可以看到《聖母加冕》等濕壁畫，除此之外也存放著魯德米拉的陵

後面兩個尖塔

寢與禮拜堂。在教堂的旁邊是聖喬治修道院，為波西米亞最古老的修道院。

正面

教堂內部

城堡區火藥塔
Prašná věž

🕐4～10月09:00～17:00，11～3月09:00～16:00　🗺P.57

　　隱藏在聖維特大教堂旁的火藥塔曾是最大的砲塔之一，作為軍事用途的要塞，但它的防禦性並未經過測試。而後到了魯道夫二世時，此處成為錬金術士做研究用的地點。20世紀後變成聖維特大教堂儲藏聖器的地方，現在則為布拉格守衛與軍事相關場所，不定期開放。

黃金巷
Zlatá ulička

🕐4～10月09:00～17:00，11～3月09:00～16:00　🗺P.57

　　黃金巷是城堡區其中一個熱門景點，一整排矮小且色彩繽紛的小房子，讓人誤以為走入了七矮人的童話世界。相傳黃金巷的由來為早期神聖羅馬帝國國王魯道夫二世(Rudolf II)聚集眾多錬金術士的錬金居所，也因此而聞名。而第22號的房舍曾是1916～1917年間卡夫卡居住與寫作之處。目前此排房舍多為手工藝與紀念品店，但是由於巷弄狹小，所以提醒讀者需盡量避免人潮高峰期前往參觀。

黃金巷屋子

卡夫卡之家

Hradčany

布拉格城堡 以第一個監獄囚犯為名
達利波塔
Daliborka

⊙ 4～10月09:00～17:00，11～3月09:00～16:00　MAP P.57

達利波塔一開始是城堡北面的防禦要塞，後期改做監獄，而第一個囚犯就是達利波，他因庇護犯法的農奴被軟禁在達利波塔。傳說達利波請獄卒偷渡了一把小提琴，無師自通地學會了拉琴。他優美的琴聲，吸引民眾前來聆

達利波塔近照

聽，人們怕他餓死，所以相繼遞送食物給他。後來這故事被捷克作曲家史邁坦納編成了歌劇《達利波》。

布拉格城堡 童心未泯的百寶箱
玩具博物館
MAP P.57　**Muzeum hraček**

✉ Jiřská 11/4, 119 00 Praha 1
⊙ 每日09:30～17:30
💲 全票180克朗，折扣票70克朗，家庭票360克朗

此玩具博物館，收藏從古希臘時代到今的各種玩偶、全套芭比娃娃與捷克、德奧的傳統玩具，每個玩具都有屬於自己的故

事與腳色，還會介紹許多聖誕節裝飾與歷史由來。

玩具博物館內部展示

玩具博物館入口

布拉格城堡 城堡唯一私有財產

洛克維茲宮
Lobkovický palác

✉ Jiřská 3, Praha 1
📞 702 201 145
🕐 每日10:00～18:00
💲 全票295克朗，半票220克朗
➡ 輕軌22、23號至Pražský hrad
🔗 www.lobkowicz.cz MAP P.57

這是城堡區內唯一一個私人擁有的財產，由貴族洛克維茲家(Lobkowicz)擁有，早期經2次共產統治沒收後索回。整體採用巴洛克式的風格重建而成，直到

2007年再次開放給大眾參觀，目前為藝廊，展出許多洛克維茲家珍貴的收藏品，例如貝多芬與莫札特的手稿。特別的是宮殿的1樓一直保存原貌，且提供8種免費的語音導覽，此處的咖啡廳可以看到美麗的風景，值得前往一坐。

布拉格城堡 消失的金塔

黑塔
MAP P.57 ## Černá věž

參觀完洛克維茲宮(Lobkovický palác)之後沿著Jiřská街繼續往下走，將會看到一座保存完整的羅馬式防禦用紅頂塔型建築。在14世紀時此塔被稱為金塔，原因是此塔的屋頂被鍍金的鉛片所覆蓋，但到16世紀時由於一場火災，使得塔面被濃煙燻黑，因此後來被稱為黑塔。值得注意的是在黑塔旁的站崗守衛處也可遠眺布拉格風景與一旁的葡萄樹栽種區，吸引許多遊客前往拍照。

Hradčany

如同天堂般美麗的全景花園——
南側花園Jižní zahrady

獨家推薦

玩家交流

🕐 4～10月10:00～18:00　MAP P.57　❓ 欲前往參觀前詳情請洽官網www.hrad.cz/en

經過多年的整修與重建，重新開放的城堡區南側花園，是我個人覺得城堡區景觀最美的地區，整個南側花園是以3個花園：天堂花園(Rajská zahrad)、城牆花園(Zahrada Na Valech)、哈蒂格花園(Hartigovská zahrada)組合而成，目前只有哈蒂格花園需要收費，其他皆為免費。由於入口處並不顯眼，觀光客不多，是個難得鬧中取靜的地方，尤其是中庭有個向外延伸的看台，可以一覽布拉格全景，值得前往。

↓南側花園的城牆　　　　南側花園景色→

布拉格城堡 一起來當灰姑娘走紅毯吧

西班牙廳
Španělský sál

獨家推薦

MAP P.56

從馬蒂亞城門口往第二庭院方向走，必定會穿越此迴廊，其中一側大型的華麗樓梯是通往城堡區最大的招待禮儀廳堂——西班牙廳，內部極致奢華的擺設，通常是做為國家禮儀聚會或大型酒會，平時不開放。

→西班牙廳入口處
↙↓西班牙廳內部

馬蒂亞城門

MAP P.56　**Matyášova brána**

連接著城堡廣場與第一庭院，為紀念神聖羅馬帝國國王馬蒂亞斯二世(Matthias II)，建造於17世紀的城門。其設計師為義大利建築師喬瓦尼·瑪麗亞·菲利皮(Giovanni Maria Filippi)，是波西

馬蒂亞城門與皇宮

米亞地區最早的巴洛克藝術作品。此門一開始並未與其他建築物相連，直到後來才設計與新皇宮連接。在第一庭院入口處有2座巴洛克風格戰鬥巨人像，此處總是聚集無數的觀光客爭先恐後地與駐守的衛兵拍照，導致捷克政府後來加上圍欄以防止觀光客打擾守衛站崗，但是民眾依然可以欣賞每小時的守衛交接儀式。

馬蒂亞城門與第一庭院

- -

城堡守衛交接

MAP 見第一庭院P.56

✉ 城堡區第一庭院
© 夏天07:00～20:00，冬天07:00～18:00
http www.hrad.army.cz/index.html

城堡區的第一庭院守衛開始交接，總是吸引大批觀光客關注，所以想找個好觀賞位置的民眾需要提前抵達。除了每小時在城堡入口

重要官員參訪閱兵儀式

處的簡單換班交接外，中午12點是規模最大的交接儀式，包含音樂與交接旗幟儀式。

馬蒂亞城門口

城堡守衛

賞美景，為一趟旅程充電再出發　**玩家交流**

　　第一庭院外的城堡廣場美景絕對不可錯過，全布拉格的美景都盡收眼底。如果一趟旅行走累了、想家了，我想此地的星巴克會是旅人最好的慰藉，相似的風格與友善熱情的服務，網路、廁所一應俱全，坐在城堡區內喝杯溫暖的咖啡，看著窗外不真實的美，安安靜靜地坐著寫張明信片給親友，一起分享這個時刻。這裡特別能感受布拉格的氛圍，店內更貼心附上星巴克小地圖與小毯子，讓人不容易著涼。在這裡好好充電再出發走向下個旅程吧！

布拉格光芒再現
羅瑞塔教堂
Pražský Loreta

✉ Loretánské nám.7, 118 00 Praha 1
☎ 220 516 740
🕐 每日10:00～17:00
💲 全票210克朗、學生票130克朗，家庭票450克朗(2大人加1名15歲以下孩童)、敬老票160克朗(70歲以上)
➡ 輕軌22、23號到Pohořelec
🌐 www.loreta.cz
🗺 P.56

教堂內部

　　羅瑞塔教堂是布拉格所有天主教堂中最精緻的一個，建於1626年，教堂為巴洛克式風格，開放式四方形空間的1樓迴廊是由數個禮拜堂環繞而成，中庭有仿義大利的神聖之家，2樓為羅瑞塔珍寶收藏展，最著名的是來自17世紀魯德米拉公爵夫人(Countess Ludmila of Kolovrat)的聖體杖，以6,222顆鑽石鑲嵌而成，又稱布拉格太陽，令人嘆為觀止。而教堂內的鐘塔上有27組排鐘，每逢整點會響起歌頌聖母瑪麗亞的《千遍問候》，最特別的是其排鐘可調整任意曲調，如今羅瑞塔也會不定期舉辦排鐘音樂會。

聖體杖

教堂外部

教堂內部

布拉格－城堡區

馬蒂亞城門‧城堡守衛交接‧羅瑞塔教堂

修道院士的百寶藏書室
史特拉霍夫圖書館

獨家推薦

Strahovská knihovna

✉ Strahovské nádvoří 1/132, 118 00, Praha 1
📞 233 107 718
🕐 每日09:00～12:00、12:30～17:00
💲 全票150克朗、半票80克朗(6～27歲以下學生
　與65歲以上老年人)、家庭票300克朗。另提
　供與史特拉霍夫美術館與修道院大樓聯票，
　請上官網查詢
➡ 輕軌22、23號到Pohořelec步行5分鐘
http www.strahovskyklaster.cz
MAP P.56

圖書館內部

　　位於羅瑞塔教堂上方的史特拉霍夫修道院，園區內包含教堂、藝廊、圖書館等景點，從此處可以觀看布拉格城堡。其中最值得前往的就是史特拉霍夫修道院圖書館，外表簡樸的修道院圖書館，內部藏有2間非常華麗的中世紀圖書室，依照書籍種類區分為神學室與哲學室，收藏了從9世紀到18世紀的重要典籍及5,000件手稿，存放在四面八方直逼頂棚的桃木書櫃中，更顯壯觀與高貴典雅。值得一提的是，除了從布拉格城堡第一廣場觀看布拉格全景外，想要觀看布拉格城堡的景觀，可以到位於城堡後方的史特拉霍夫修道院區參觀。

史特拉霍夫修道院觀看美景

最早文藝復興的立體石砌建築
史汪森貝格宮
Schwarzenberský palác

- ✉ Hradčanské nám. 2, 118 00, Praha 1
- ☎ 233 081 713
- ◉ 每日開放(除週一)10:00～18:00
- 💲 票價因展覽而不同,且出售多種國家藝廊聯票,請上官網查詢
- ➡ 輕軌22、23號至Pražský hrad走往城堡廣場
- http www.ngprague.cz
- MAP P.56

位於馬蒂亞城門旁的史汪森貝格宮,外觀天然石砌的立體效果與牆壁上的黑色裝飾,很難讓人忽略它的存在,最初屬於洛克維茲家族,直到1719年被貴族史汪森貝格買下。這是布拉格最早的義大利文藝復興風格建築之一,原為武器博物館,2002年後已經改為國家藝廊分館。

令人稱奇的天花板壁畫
史坦堡宮
Šternberský palác

- ✉ Hradčanské nám. 15, 118 00, Prague 1
- ☎ 233 090 570
- ◉ 每日開放(除週一)10:00～18:00
- 💲 票價因展覽而不同,且出售多種國家藝廊聯票,請上官網查詢
- ➡ 輕軌22、23號至Pražský hrad走往城堡廣場
- http www.ngprague.cz
- MAP P.56

目前也是國家藝廊的其中一個分館,此棟建築是巴洛克式建築的重要代表作品之一,室內裝飾反映了建設的重要性,尤其是第三樓層天花板上的壁畫,更是讓人驚豔,對美術畫作有興趣的民眾可以前往此處觀賞。此外每年的博物館之夜會開門招待民眾免費參觀。

特色餐飲

創意家廚美食料理
Restaurace Kuchyň

- ✉ Hradčanské náměstí 186/1 Praha 1
- ☎ 736 152 891
- ⏰ 每日12:00〜22:30
- ➡ 輕軌22號至Pražský hrad走往城堡廣場
- 🌐 www.kuchyn.ambi.cz
- 🗺 P.56

捷克美食集團Ambine最新力作，顛覆所有人對餐廳的印象與想法，不僅可以在此享受絕美的風景，更可以享受獨一無二的美食體驗，尤其價格實惠，真的是城堡區最好的選擇。

全世界最美的星巴克？
Starbucks城堡區星巴克分店

獨家推薦

- ✉ Ke Hradu, 118 00, Praha 1
- ☎ 235 013 536
- ⏰ 週一〜五10:00〜18:00，週六、日10:00〜19:00
- ➡ 輕軌22、23號至Pražský hrad走往城堡廣場
- 🌐 www.starbuckscoffee.cz
- 🗺 P.56

喜歡喝星巴克的朋友有福了！這間就坐落在城堡區廣場第一庭院旁，於2013年7月開張，擁有全布拉格最美的景色。上下共3層，不只有戶外觀賞風景區，也有室內的落地窗看台，冬天提供免費小毛毯避寒，夏天則提供戶外躺椅，讓人可以好好享受布拉格的美景。想蒐集捷克馬克杯的大家也可以在此選購，除了可以好好的休息充電一下，也能享受片刻的購物樂趣。

寄放一杯待用咖啡
U Zavěšeného Kafe Divadlo Pokračuje

- ✉ Loretánská 13, Praha 1
- ☎ 733 483 900
- ⏰ 每日11:00〜00:00
- ➡ 地鐵A線Malostranská往城堡方向走，或輕軌22、23號至Pražský hrad往城堡方向走
- 🌐 www.pokracuje.com
- 🗺 P.56

這是間Hanging Cafe，意思是，跟服務生說付2杯咖啡的錢，一杯給自己，一杯寄放在這，如果有窮破潦倒的人走進來詢問，可以給他一杯咖啡嗎？寄放在店內的

這杯就給他。大家現在可以在餐廳的牆上，看到計算Hanging Cafe的數量，非常特別。此間店還有個露天的陽台可以看到佩特辛塔風景。

Hradčany

到露台用餐，視覺與味覺雙滿足

Lobkowicz Palace Restaurant & Café

✉ Jiřská 3/1, 119 00 Praha 1-Hradčany
🕒 每日10:00～18:00
🌐 www.lobkowicz.cz/lobkowicz-palace-cafe
🗺 P.57

餐廳內部有豐富的壁畫

精巧可愛的吧台

城堡建築群中唯一的私人建築洛克維茲宮，內部除了展館之外，隱藏一個有著絕美風景的露台餐廳，千萬別忘記到露台用餐喔！可以觀賞到布拉格小城區與

餐廳露台可一覽布拉格美景

皇家天堂花園之景觀，價格雖稍嫌偏高，但是主食有一定的水準，由於城堡區餐廳選擇不多，是少數兼具美景與多樣化選擇的餐廳，但是由於餐廳空間不大，請避開高峰時間或是預先訂位，以避免客滿。

購物指南

城堡區內由於觀光客眾多，價格較高，所以不建議在此地購買紀念品，但是位於黃金巷內的許多商家都有特別的紀念品，例如可愛的鐵製書籤、銅器打造的刀劍類或是相關盔甲武士防護用產品，如果非要在城堡區購買紀念品，可以前往史特拉霍夫修道院往城堡方向的店家。

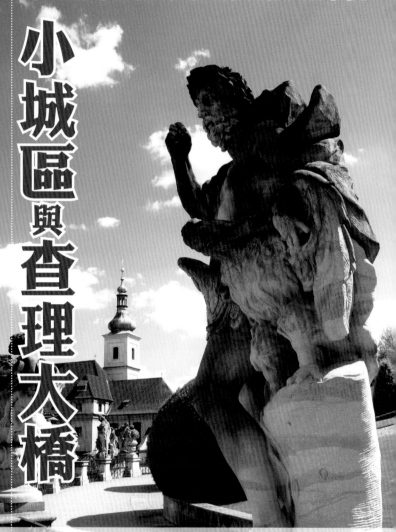

Malá Strana a Karlův most

小城區與查理大橋

位於伏爾塔瓦河左岸、城堡下方的小城區，由於中世紀的王公貴族皆在此興建宮殿，形成許多細膩精緻擁有巴洛克風格的建築，到現在仍然是許多歐美大使館與部分高級飯店與特色餐館的地區，比起老城和城堡區總是充斥著喧鬧吵雜的旅行團，此處添加了一些寧靜優雅的風格，值得細細品味，具有特色的小店也是此地居多。

熱門景點

一起找尋門牌浮雕的故事吧！
聶魯多娃街
Nerudova ulice

▶ 輕軌12、15、20、22、23號Malostranské
náměstí或從城堡區往下行走
MAP P.58

二手書店

聶魯多娃街是從城堡往下走到小城廣場通往查理大橋的主要道路，也是舊時國王加冕的皇家之路其中一段，所以依然保有中古世紀的風格。由於古早房子上並沒有以門牌號作為標記，所以建築師在每個門口上以精緻浮雕或是壁畫等方式作為標誌，以代表屋主的身分地位與職業。如第12號屋浮雕上的3把提琴，表示舊有主人為提琴工匠，第27號屋的浮雕是黃金鑰匙，顯示以前是金匠的工作地點。如今大部分的房屋已改為酒店或是商家為主，此街上有許多特色商家與復古餐廳，再加上歐洲大使館，值得好好停留觀賞。

街上具有特色的門牌浮雕裝飾

二手書店

城堡區往聶魯多娃街景

門牌浮雕裝飾都有其淵源

國會議院精緻景致的後花園
華倫史坦公園
Valdštejnská zahrada

✉ Letenská, 110 00, Praha 1
📞 257 075 707
🕐 4～10月，週一～五07:00～19:00、週末與國定假日09:00～19:00
➡ 地鐵A線Malostranská
http www.senat.cz
MAP P.59

公園內飼養的孔雀

公園眺望城堡區與景觀

地鐵站Malostranská出口旁有一個不起眼的小門，就是通往華倫史坦公園的入口。華倫史坦宮的公園，原為17世紀的Albrecht von Wallenstein將軍所有，目前為捷克國家上議會所在地，整座宮殿耗時6年打造完成。走進裡面就像進入《愛麗絲的奇幻世界》，首先映入眼簾的是寬敞的噴泉水池，後方則是城堡景觀，加上開放式的環境與維護良好的花園，使得孔雀與諸多小動物能自在地在身旁走跳，絲毫不畏懼遊客，讓人頓時心曠神怡。往內走則會看到仿鐘乳石的壁面與大型的貓頭鷹鳥籠。

迷你可愛歐洲巴洛克風區
小城區廣場
Malostranské náměstí

➡ 輕軌12、15、20、22、23號Malostranské náměstí
MAP P.58

下廣場

此處是連接城堡區與查理大橋的中間站，由於電車停靠方便且周圍特色餐廳與商家環繞，不論何時

上廣場

總是充滿著遊客。小城區廣場被著名的聖尼古拉斯教堂分切成上下兩部分，上半主要是聖尼古拉斯教堂與黑死病紀念柱(又稱聖三位一體紀念柱)，往上走可通往布拉格城堡區，下半則包括尼古拉斯教堂鐘塔入口與捷克下議會開會地點，也是通往查理大橋必經之處。值得一提的是，此處自18世紀後幾乎沒有新建任何建築物，所以帶有濃厚的歐洲歷史氣息。

獨家推薦

玩家交流

維特巴花園 Vrtbovska zahrada

花園內部景觀

- ✉ Karmelitská 373/25, Malá Strana, 118 00, Praha 1
- ☎ 272 088 350
- ⏰ 4～10月10:00～19:00
- 💲 全票120克朗、半票95克朗、家庭票350克朗
- ➡ 輕軌22、12、20、23號Malostranské náměstí
- http www.vrtbovska.cz/en
- MAP P.59

花園內部景觀

　　即便迷路在布拉格的小巷弄中,也可以找尋到令人意外的驚喜。這個花園的入口處藏身在住家門內,使得遊客稀少,但卻是布拉格最美的巴洛克式花園,也是新人舉辦婚禮的熱門地。強烈建議走到最上層的觀景台,可以將小城區與城堡區盡收眼底。創始於1720年,花園內藏有許多雕像與濕壁畫,由於後期疏於維護,所以損毀嚴重,於1990年花了8年的時間重新管理維護後開放,並添加鳥類動物與小型美術展覽室。

獨一無二的壯觀圓頂濕壁畫

聖尼古拉斯教堂

Kostel sv. Mikuláše na Malé Straně

- ✉ Malostranské náměstí Praha 1
- ☎ 257 534 215
- ⏰ 開放時間請上官網查詢
- 💲 全票100克朗、學生兒童60克朗、65歲以上敬老票60克朗
- ➡ 輕軌12、15、20、22、23號Malostranské náměstí
- http www.stnicholas.cz/en
- MAP P.58

　　此教堂容易與老城廣場的聖尼古拉斯教堂混淆,但其巴洛克風格的綠色圓頂是眾人耳熟能詳的代表性地標。此教堂是Dientzenhofer父子歷經半世紀建造完成,進入教堂內部抬頭可看到直徑達20公尺、高49公尺,壯觀的圓頂濕壁畫,還有教壇的繪畫與聖者雕像,皆華麗又壯觀。1787年音樂才子莫札特更在此教堂演奏而聲名大噪,目前教堂晚間都會開放為音樂演奏會的場地。如果想要觀看小城區風景的民眾,也可以前往聖尼古拉斯教堂側邊開放的塔樓。

教堂內部漂亮的圓頂濕壁畫

尼古拉斯教堂與其鐘塔

華麗服飾的聖嬰博物館

勝利聖母教堂
（聖嬰教堂）

Kostel Panny Marie Vítězné

✉ Karmelitská 9, 118 00, Praha 1
☎ 257 533 646
🕐 開放時間請上官網查詢
➡ 輕軌12、15、20、22、23號至Hellichova
🌐 www.pragjesu.info
🗺 P.59

教堂外觀　　　　相關紀念品

在許多紀念品店都有販售穿著道袍的聖嬰就是源自此教堂，因

聖誕節教堂活動

1621年白山之役的軍隊向聖母瑪莉亞祈禱，軍隊獲得勝利後便以此命名。教堂祭壇上供奉著一尊聖嬰雕像，相傳是1628年來自於西班牙的小雕像，由洛克維茲家族的夫人捐給此修道院，而後保護了布拉格的這個區域免於瘟疫與30年戰爭的破壞，至今仍有大批朝聖者固定前來朝聖，不僅來自各界的捐獻者會貢獻許多華麗的服飾給聖嬰雕像，館方也固定會做衣服的更換，在教堂2樓更展出部分服飾供人參觀。

布拉格市民的後花園與野餐地

佩特辛公園

Petřín

➡ 搭纜車至Újezd
🗺 P.54、P.58

佩特辛山就像是臺北的陽明山那樣的具代表性，踏青健行老少咸宜，夏天可以看見躺在草皮上享受日光浴和野餐的民眾，冬天下雪則吸引民眾到山上打雪戰，雖然高度僅318公尺，但占地遼闊的佩特辛山除了有高處的瞭望塔，還設有天文館、共產主義受難碑、飢餓之牆、玫瑰園等，是個讓人們放鬆心情的好去處。前往佩特辛公園除了走路之外，也可以使用大眾運輸票

搭乘纜車。值得一提的是，上方的瞭望塔建於1891年，是布拉格博覽會的百年紀念之一，外型仿造巴黎艾菲爾鐵塔，塔高63.5公尺，其海拔高度與艾菲爾鐵塔一致，又有小巴黎鐵塔之稱。此外，佩特辛公園可以看到部分城牆的遺跡，據說是1360年查理四世為了讓百姓脫離貧困，所以邀請眾人前往建造此牆，別稱為飢餓之牆。

小巴黎鐵塔春天景色　　　公園內的哈哈鏡宮

布拉格的威尼斯
坎帕島
Kampa

▶ 從查理大橋上走下去,或是搭乘輕軌12、15、20、22、23號至Újezd

MAP P.59

Kampa現代藝術景色

查理大橋靠近小城廣場方向,橋上有個階梯可以往下走,便通到這座迷你島,它是條小溪分流切過的小島,有布拉格威尼斯之稱,從17到20世紀時,許多陶藝工作者在此工作生活,所以每年會舉辦陶器市集,吸引許多遊客前往。除此之外,島上有坎帕露天藝術博物館與開放式現代藝術

電影博物館

島上風景

裝飾品,可以在此看到雕塑家黑大衛(David Černý)的作品,加上碧茵如洗的草坪與河邊景致,吸引許多捷克人在此野餐休憩。島上仍有許多特色餐廳、酒店與不定時的市集活動,喜歡的人可以前往參觀。

知識充電站

黑大衛(David Černý)

在布拉格旅行,很難不看到這個備受爭議又趣味的在地雕塑家——黑大衛的作品。一開始是在1991年,他勇敢地將蘇聯坦克車漆成粉紅色,諷刺蘇聯專制主義,而後又因捷克輪值歐盟主席國時所做的公共藝術作品Eutropa飽受國際輿論

盧森納大樓　　Quadrio購物中心

批評。不過這位創意無限、不受控制的黑大衛,總是希望大家以輕鬆詼諧的態度去面對他的作品。像是在布拉格卡夫卡博物館前,2個男人站在捷克國土造型上尿尿;2012年倫敦奧運創造會做伏地挺身的雙層巴士;2013年創造一個巨型中指放在伏爾塔瓦河上……隨處都可以看見他的創意,特別是他本人很少對他的作品提出深度的解釋與評論,留給大家許多想像的空間。來到布拉格別忘了去尋訪他作品的蹤跡!

Futura藝廊

追求自由的渴望與宣洩
約翰·藍儂之牆
Lennonova zed'

✉ Velkopřevorské náměstí, 100 00, Praha 1
➡ 從查理大橋向下走到坎帕島,或是搭乘輕軌
　9、12、15、20、22、23號至Újezd
MAP P.59

　　坎帕島上另外一個特點,就是位於法國大使館對面的約翰·藍儂(John Winston Lennon)之牆,此牆面與約翰·藍儂並沒有直接關係,而是1980年代起,人們開始在這面牆上塗寫約翰·藍儂風格的塗鴉歌詞,以表示對他的懷念,也是年輕人為了發洩對共產主義的不滿與追求自由的渴望,雖然屢屢遭共產警察抹去,但總會有人再放上新創作,直到捷克脫離蘇聯後,政府才同意開放此面牆讓眾人塗寫。

愛情的運轉見證
鎖鏈橋與老水車
Velkopřevorský Mlyn

✉ Hroznova 3, 110 00, Praha 1
☎ 257 532 162
➡ 從查理大橋向下走到坎帕島,或是搭乘輕軌
　12、15、20、22、23號至Újezd前往坎帕島
MAP P.59

　　通往約翰藍儂之牆旁邊有座小橋,上面布滿無數的鎖頭,鎖住大家對愛情的期許與祝福。後面的老水車不時還會運轉,但是已無實際用途,目前為老水車餐廳的一部分。

鎖鏈橋

老水車

迷你世界聚集地
歐美大使館街
Ulice Tržiště

➡ 輕軌12、15、20、22、23號Malostranské
　náměstí
MAP P.58

　　與聶魯多娃街平行的Tržiště街上有許多歐美的大使館,所有往來的車輛都需通過24小時警衛的盤檢,各使館都擁有碩大的花園與會館,美國大使館還曾被當作《不可能的任務》場景,此條街通往城堡區的街上也充滿許多高檔酒店、特色店家與咖啡館,值得前往一探。

街上特色店家

詼諧逗趣的卡夫卡

卡夫卡博物館

Franz Kafka Museum

- ✉ Cihelná 2b, 118 00, Praha 1
- ☎ 257 535 373
- ⏰ 每日10:00～18:00
- 💲 成人票260克朗，學生老人殘障人士170克朗，家庭票650克朗
- ➡ 地鐵A線Malostranská，步行約7分鐘
- http www.kafkamuseum.cz
- MAP P.59

　　弗朗茨‧卡夫卡(Franz Kafka)，是20世紀捷克最重要的人物之一，他一輩子都住在布拉格，從他的作品中可以體會他對這座城市的愛，布拉格充滿了他的回憶與紀錄。在此博物館可以看到各式收藏，如書信、手稿、研究報告等，卡夫卡迷們記得前往一覽。順帶一提，在進入卡夫卡博物館之前，會看到2尊正在撒尿的人像站在以捷克國圖為雛形的池子上，這又是一個黑大衛幽默詼諧的作品。

卡夫卡博物館入口

入口處的黑大衛雕塑作品

典雅小宮殿展現捷克民俗之美

國家民俗博物館

Národopisné muzeum-Musaion

- ✉ Kinského zahrada 98, 150 00, Praha 5
- ☎ 257 214 806
- ⏰ 週二～日10:00～18:00
- 💲 全票80克朗、半票60克朗
- ➡ 輕軌9、12、15、20號至Švandovo divadlo
- http www.nm.cz
- MAP P.58

　　坐落在佩特辛山腳下非常幽靜又浪漫的民俗博物館，始建於1827年，原為避暑房舍。入口處被整片綠意盎然的樹木環繞著。位於噴水池後方的博物館則有如小型宮殿般典雅，裡面展出許多捷克傳統服飾與工藝，不定期還有傳統民俗表演，經重新整修後，於2007年榮獲年度最佳博物館。

博物館外觀

館內傳統工藝製作

屹立不搖的捷克精神與延續象徵
查理大橋
Karlův most

➡️ 輕軌12、15、20、22、23號到Malostranské náměstí；或輕軌17、18號至Karlovy lázně；或從地鐵A線Staroměstská步行約5分鐘
🗺️ P.54、P.59

總是被遊客觸摸發亮的雕像

來到布拉格如果沒有走上查理大橋，就像到了巴黎沒有看到羅浮宮一樣失去其重要意義，這座橋不僅橫跨了小城區與老城區，也跨越500年的捷克歷史，見證其沒落與風華再現。最早在12世紀以皇后之名命名為茱蒂斯橋(Juditin most)，但到了1342年遭洪水沖垮，直到1357年查理四世開始重建後，18世紀才命名為查理大橋，其建築師與城堡區聖維特大教堂的主建築師一樣是Peter Parler。這座橋也是波西米亞國王進行加冕典禮的必經之路。

整座橋長516公尺，寬約10公尺，有16個橋拱，橋上有30尊雕像，多數為巴洛克風格的複製品，大多是Braun與

聖內波穆克

Brokoff的作品，原作被分散在高堡區與國家博物館分館內。所有雕像內最受矚目的是聖內波穆克雕像(St. Nepomuk)，當時聖內波穆克身為皇后的告解師，瓦茨拉夫四世逼迫他說出皇后的祕密，但是他為了遵守神職堅決不說，在此雕像的浮雕版位置被丟下查理大橋，據說他被丟下去的當晚升起了5顆星星，因而被追封為聖徒。傳說觸摸此浮雕並且許下願望就會實現，因此吸引大批觀光客前往。

此橋的石塊混漿在之後被發現有使用雞蛋等有機成分，並歷經500年仍堅定不搖。不只如此，此橋也見證過許多歷史事件，如1621年27名反對哈布斯王朝的領袖在此被處死，並被展示在橋頭；1648年瑞典軍隊占領布拉格，戰鬥過程

橋上風情多趣味

玩家交流

布拉格——小城區與查理大橋

　　想要把布拉格的房子帶回家嗎!?不妨看看橋上布拉格小房子模型或磁鐵的價格,有稍微便宜一些。想要乘坐遊船的民眾,不妨從查理大橋老城橋塔沿河朝魯道夫音樂廳方向尋找船家,貨比三家再做選擇。

　　查理大橋附近的紀念品店與換錢費率不是很優惠,建議還是前往推薦處(請看旅遊黃頁簿P.264)換取。查理大橋上的雕像多為仿造,真跡分別存放在高堡區Gorlice與布拉格世貿的Lapidárium館內。

査理大橋

就發生在查理大橋上;1866年,第一個電燈被豎立在橋上;1870年,第一條公共馬車軌道通過查理大橋,但是由於交通量遽增,為防止破壞查理大橋,1965年起進行重整維修,讓橋體與橋面維持穩定,且禁止各項交通運輸通過,到目前為止還是會定期對查理大橋進行古蹟維護。

　　通往老城方向的橋塔有上下2層樓,並有豐富的哥德式雕刻作品,包括查理四世與他的兒子瓦茨拉夫,是保護所有捷克人民的象徵,喜歡拍照的朋友千萬別錯過此處的景觀,可以捕捉查理大橋全景。目前橋上每天聚集著許多擁有捷克政府所發放執照的藝術家與音樂家,所以可以在此處買到許多特別的小紀念品或是聽到各種演奏,活生生是個露天的雕像與藝術博物館。

小城區橋塔　　老城區橋塔　　Bruncvik雕像

105

小城區蜿蜒的小巷中總是藏著非常有特色的店家，且價格比老城和城堡區稍低一點，是購物的好選擇之一。

色彩繽紛的專業鉛筆王國
Koh-I-Noor 美術社

✉ Nerudova 250/13, 118 00 Praha 1
☎ 731 534 401
🕐 每日10:00～19:00
🌐 www.koh-i-noor.cz
MAP P.58

世界知名的彩色鉛筆Koh-I-Noor在布拉格小城區增設了直營店，讓喜愛美術用品等專業水彩色鉛筆的旅客又多了一個購物點。雖然價格比其他經銷店稍微貴了一點，但是產品齊全且品質有保證，近年來由於賣到缺貨的刺蝟鉛筆出現許多仿冒品，作者建議還是貨比三家，或是直接尋找直營店最有品質保障。

可愛獨特的琺瑯杯具組
Smaltum琺瑯杯

✉ Karmelitská 269/28 Praha 1
☎ 283 870 069
🕐 每日10:00～19:00
🌐 www.smaltum.cz
MAP P.59

Smaltum為布拉格在地品牌，除了各式杯子、鍋具組外，也生產許多首飾相關製品，藉由琺瑯材質鮮明設計外觀，吸引無數遊客的喜愛，也是遊客們最佳的伴手禮之一，去年還增設Workshop讓旅客們可以自己親手繪屬於自己的產品，讓旅行裡多了一個美好的回憶。

手工木偶個個與眾不同
木偶店Obchod Loutkami

✉ Nerudova 51, Praha 1
☎ 608 265 994
🕐 週一至五10:00～16:00，週六日11:00～18:00
➡ 輕軌12、15、20、22、23號至Malostranské náměstí沿著Nerudova街往上走
🌐 www.loutky.cz　MAP P.58

有著捷克傳統雙開門的老牌木偶店，其門板可以隨意拉動來操作玩偶的表情，常常吸引許多遊客的注目，且木門裝飾常依照捷克社會局勢來改變門板人物的造型，目前是放上可愛的前外交部長史汪森柏格的頭像，非常可愛逗趣。每一個木偶都有其故事與手工製作者的介紹與署名，如果想要收藏與眾不同的木偶可以前往此處尋找。

傳統手工木偶

古典配方添加新式口味
布拉格巧克力店
Pražská čokoláda

- ✉ 總店Nerudova 46, Praha1
- ☎ 778 536 453
- ⏰ 各分店不同，請上官網查詢
- ➡ 輕軌12、15、20、22、23號至Malost ranské náměstí沿著Nerudova街往上走
- 🌐 www.prazskacokolada.cz
- 🗺 P.58

獨家推薦

　　這間專門販賣巧克力的新店家，依循古老的巧克力品牌Nachfolger配方加上新口味，在短時間內吸引了大批民眾的關注與購買，特別的是此店家擁有漂亮特別的木製、鐵製禮盒，有核果、牛奶、黑巧克力等眾多口味，送禮或自用都很適合，且店家服務態度大方，會提供客人品嘗試吃，是個不錯的選擇；其中杏仁牛奶巧克力非常的受歡迎，是店內的招牌口味。

店門口熱情招待試吃的店員

店內各式各樣巧克力

各式純手工藝術品
Curiomat

- ✉ Nerudova 45,118 00 Prague 1
- ⏰ 週五～日10:00～18:00
- ➡ 輕軌12、15、20、22、23號至Malostranské Náměstí
- 🌐 www.curiomat.cz
- 🗺 P.58

　　如果你喜歡純手工且獨一無二的藝術收藏品，當你經過此店家時，千萬記得走進來看一看。這家店內販售極多不同風格且具特色純手工藝術家的作品，且至今在收銀處依然存放著一台復古收銀機，非常的吸睛。

店家門為傳統雙開木門

玲瑯滿目的木製商品
Amadea

- ✉ Mostecká 38/28, 118 00 Malá Strana
- ⏰ 10:00～21:00
- ➡ 輕軌12、15、20、22、23號至Malostranské Náměstí往查理大橋方向走
- 🌐 www.amadea.cz 🗺 P.59

　　喜歡木製商品的人有福了！由於捷克人傳統的小木屋建築，使得早期居家都喜愛使用垂手可得的木製商品來

販售木製產品

做生活裝飾與使用。這家玲瑯滿目的木製商品，從最基本的筆記本、聖誕節裝飾、兒童玩具到生活廚房用品，由於店內空間不小加上產品種類眾多，讓人有選擇障礙，但保證可以滿足您的需求。

特色餐飲

與美景共享清爽美味捷克素食
Vegan's

✉ Nerudova 36, 118 00, Praha 1,
📞 735 171 313
🕐 每日11:30～21:30
➡ 輕軌12、15、20、22、23號至Malostranské Náměstí，沿Nerudova街往上走
🌐 www.vegansprague.cz/
🗺 P.58

吃多了大魚大肉，想要來點清淡、又不失美味的捷克素食嗎？這間素食餐廳有個迷你陽台區域，可以看到美麗的城堡區風景，令人驚豔不已，而且店家將傳統的捷克佳肴Svíčková，製作成素食口感，卻也不失去其風味，樓下也有商店是素食者的好選擇。由於餐廳陽台區座位不多，強烈建議提前預約座位。

舒適典雅的週末好去處
Bella Vida café

✉ Malostranské nábřeží 563/3, 118 00, Praha
📞 221 710 494
🕐 每日08:30～21:00
➡ 輕軌9、12、15、20、22、23號至Újezd步行3分鐘
🌐 www.bvcafe.cz
🗺 P.59

喜歡典雅書卷咖啡香的朋友，絕對不要錯過此間。位於坎帕島與Cafe Savoy中的店家，用餐氣氛十分優雅，內部擺設的大沙發、純木書櫃與地板，看起來漂亮、坐起來舒服，內部也附設孩童遊戲區，是想要好好享受下午茶的父母非常好的選擇。店內各式新鮮好吃的料理，與櫃檯牆上標記各種咖啡的作法與選擇，是此店家的最大特色。

品味精純傳統啤酒酒吧風
Kolkovna Olympia

必訪餐廳

✉ Vítězná 619/7,150 00, Praha 5
📞 251 511 080
🕐 週一至六11:00～00:00、週日11:00～23:00
➡ 輕軌9、12、15、20、22、23號至Újezd
🌐 www.kolkovna.cz
🗺 P.59

在Savoy旁邊的第一間布拉格皮爾森啤酒餐廳，創始於1920年，其皮爾森啤酒極純，品質亦非常好，還獲得皮爾森啤酒廠頒發的證書。內部擺設依然按照古早設計並保有舊時的裝潢，且部分擺設用品是來自於皮爾森博物館。獨特優美的傳統酒吧臺，搭配傳統美味的捷克美食，讓夜晚時常人聲鼎沸，想要體會捷克傳統啤酒小酒吧的人不容錯過。

外觀

用餐環境

小巧迷人的輕食早餐名店
Cukrkávalimonáda

✉ Lázeňská 7, 110 00, Praha 1
📞 257 225 396
🕐 每日09:00～19:00
➡ 輕軌12、15、20、22、23號至Hellichova步行5分鐘
🌐 www.cukrkavalimonada.com/en
🗺 P.59

可愛的店名與小巧精緻的環境，配上開放式的吧臺，五顏六色的水果與蛋糕看起來非常可口，店內有保存良好的木製彩繪梁柱，非常美麗。其新鮮的水果汁、巧克力與蛋糕，加上人氣相當高的煎餅，適合喜歡品嘗早餐與輕食的民眾。但由於此處也是旅館，所以常常客滿，提醒要用餐的民眾提早前往。

店門口特殊傳統雙開門造型

▌歐式風格可愛造型糕點店
U knoflíčků

百年老店

✉ Újezd 17/412, Praha 1
📞 777 235 139
🕐 週一～五09:00～18:30，週六、日10:00～18:30
➡ 輕軌9、12、20、22、23號至Újezd
🌐 www.uknoflicku.cz
MAP P.59

　　這間百年甜點店，位在佩特辛公園纜車站附近，要前往小城廣場的民眾，相信都很難不被它傳統捷克雙開門與白色窗戶的可愛手繪風格所吸引。每每從外頭往窗內看，都讓人覺得非常浪漫優雅。內部裝潢走昏黃的蘋果燈風格，除了糕點外，最有名的是訂做的造型蛋糕，非常受到捷克人喜愛。

店內茶點

▌品味高質感鴨肉料理
U Modré Kachničky

✉ Nebovidská 6,118 00, Praha 1
📞 257 320 308
🕐 每日12:00～16:00，18:30～00:00
➡ 輕軌12、20、22、23號至Hellichova步行5分鐘
🌐 www.umodrekachnicky.cz
MAP P.59

　　如果想在高檔優雅的環境下品嘗鴨肉料理，那可別忘了這間擁有高人氣的鴨肉店，內部裝潢非常的奢華復古，高品質的服務會讓人誤以為來到了米其林餐廳，除此之外也可以在飯後點杯紅酒，讓整個用餐時光頓時變得輕鬆愜意，用餐時段建議大家提前預訂。

內部保留傳統擺設

獲大使館認證的墨西哥料理
Cantina

✉ Újezd 38, Praha - Malá Strana, 118 00
☎ 257 317 173
🕐 11:30〜00:00
🚋 輕軌12、15、20、22、23號至Újezd
🌐 www.restauracecantina.cz
🗺 P.59

　　號稱捷克第一家的墨西哥料理從1997年開業至今，雖然空間不大，但充滿墨西哥小酒館風情。用餐時段如無預約座位，真的一位難求。強調最正宗的墨西哥料理，連續多年獲得墨西哥大使館的認證與感謝。對於想體會墨西哥菜的旅客可以前來嘗鮮，雖然價格偏高但由於分量稍大，知名的Fajitas料理建議兩人共食即可，店內各式調酒也是墨西哥特色之一，想省錢的朋友，餐廳週一至五都會提供商業午餐，也是周邊上班族的最愛之一。

墨西哥小酒館內部場景

超人氣的捷克料理，需先訂位
St.Martin

獨家推薦

✉ Vlasska 7, Mala Strana,118 00 Prague 1
☎ 257 219 728
🕐 週一〜五11:00〜22:00，週六、日12:00〜22:00
🚋 輕軌12、15、20、22、23號至Malostranské Náměstí，沿Vlasska街往上走
🌐 stmartin.cz/index-en.html

排餐與創意料理

　　這間餐藏在歐美大使館的小巷子中，在旅客眾多的市中心取得一片寧靜，為作者最喜歡餐廳之一。雖然本身空間不大，但隱藏在傳統捷克建築中，並暗藏一個迷你溫馨的中庭。餐食部分提供捷克傳統料理之外，還添加各式創意料理，甚至結合泡菜入餐點中。價格親民且每週平日都有不同商業午餐，新鮮自製的餐點與每日限量供應甜點，非常得到捷克本地人與旅客喜歡，甚至曾贏得票選最美味炸起士餐廳。用餐時間人潮眾多，請記得一定要事前訂位。

▌色彩豐富的巴爾幹與義大利料理店
Luka Lu

✉ Újezd 33, Mala Strana,118 00 ,Prague 1
📞 257 212 388
🕐 週二〜日12:00〜22:00
🚆 輕軌12、15、20、22、23號至Újezd
🌐 www.lukalu.cz
🗺 P.59

色彩鮮豔的用餐空間

相信每一位經過此店門口時，都會不自主的向餐廳裡望一眼。餐廳色彩強烈且裝飾富有極高辨識度的Luka Lu是布拉格老牌的巴爾幹與義大利料理，店內的每一個場景布置都具有不同的特色，常

店門口

讓令人看得眼花撩亂，不知身處何處。餐點也堅持新鮮現做，喜歡義大利麵與燒烤料理的人可以來嘗鮮，服務員也非常熱情，對寵物與孩童也非常友善。

▌酥脆軟嫩烤豬腳料理
Pork's

✉ Mostecká 16, 110 00 Malá Strana,Prague 1
📞 725 181 828
🕐 每日12:00〜23:30
🚆 輕軌12、15、20、22、23號至Malostranské Náměstí
🌐 www.porks.cz

特色菜，以酥脆的外皮與稚嫩的豬絞肉深得旅客好評不斷，到了用餐時段更是一位難求，如果想在布拉格體驗烤豬腳的遊客，可以前往嘗鮮，但是一定要提前預約。

在查理大橋附近不知道吃什麼嗎？這家新開設的捷克餐廳，位於查理大橋往小城區附近，主打各式豬肉料理，其中又以豬腳為

不顯眼的店門口

內部深長的用餐環境

有中文菜單的傳統料理

Restaurace U Mecenáše

獨家推薦

- ✉ Malostranské nám. 261/10, 118 00 Praha 1
- ☎ 220 515 790
- 🕐 週一～日 11:00～22:00
- ➡ 輕軌12、15、20、22、23號至Malostranské Náměstí
- http www.restauraceumecenase.com/
- MAP P.58

　　這間位於小城區的餐廳歷史，可以追溯到16世紀，魯道夫二世時，著名的布拉格劊子手Jan Mydlá，曾經坐在這家餐廳裡，牆上還可以看到他在1626年的簽名遺跡。除此之外，餐廳還保有13世紀時地窖的哥德式防空洞，相當特殊，別具歷史價值。

　　此餐廳在2015年完成重新翻修，不過依然保有其原本的格局與名

字，店內的廚房改由開放式空間的設計，且有大小的包廂與大型團體餐桌，很適合喜歡與朋友聚餐。而店家在食材上面也精選供應廠商，其中起士等乳製品，是由2013年農場競賽銅牌的Kolman先生農場內生產，不但新鮮且有品質保證。

　　由於位於觀光區，店家也提供多種語言的菜單，包括中文，讓想品嘗傳統捷克料理的人，可以輕易理解，不用擔心點錯。店家的所有肉品，都燉得非常順口柔嫩，十分推薦大家前往嘗鮮。

Staré Město a Josefov

老城區與猶太區

從小城區跨過查理大橋，就是有名的老城區與猶太區，猶太區由於不大，所以是整個被老城區給包覆在內。老城區從早到晚總是充滿著遊客，因而非常熱鬧。此處也是布拉格最早有居民居住的地方之一，過往許多市集與居民集會、貿易都在此舉行。國王瓦茨拉夫也賜給人民市鎮自治權，所以最早形成的布拉格城鎮Město Pražské就是指此區。目前因歷史名建築與美麗的天文鐘、老城廣場，以及卡夫卡的代表猶太區，都吸引許多遊客佇足停留。

熱門景點

與查理四世一起貼近合照吧！
十字軍廣場
Křižovnické náměstí

➡ 輕軌17、18號至Karlovy lázně，或從地鐵A線
Staroměstská步行約5分鐘
🗺 P.60

聖方濟教堂

　　位於查理大橋橋墩和聖方濟教堂間的十字軍廣場，是布拉格最小的廣場之一，卻是個人滿為患的地點。名稱源自北側的紅十字星騎士會修道院，目前廣場上矗立著查理大橋橋塔上最吸睛的查理四世雕像(為了慶祝查理大學建校500週年紀念而建立)，還有聖方濟教堂與查理大橋博物館。順帶一提，此廣場可以欣賞到查理大橋美麗的風景。

十字軍廣場與查理四世雕像

展示查理大橋的建造歷史
查理大橋博物館
Národní divadlo marionet

✉ Křižovnické náměstí 3, 110 00 Praha
1-Staré Město
📞 734 572 231
🕐 5～9月10:00～19:00，10～4月10:00～18:00
➡ 輕軌17、18號至Karlovy lázně；或從地鐵A線
Staroměstská步行約5分鐘
🌐 www.muzeumkarlovamostu.cz/en
🗺 P.60

　　眾所皆知的查理大橋，是布拉格最知名的景點之一，想知道這座跨越半世紀橋梁上下的所有故事與建築過程嗎？在查理大橋博物館裡面展示所有關於橋的所有歷史與修復維護過程與技術。值得一提，門票也有提供結合短程遊船服務與其他博物館聯票。當然如果尿急的旅客，這邊是距離查理大橋周邊最近的廁所(需額外付費)。

克萊門特學院

Klementinum

✉ Mariánské námesti 5, Praha 1
☎ 222 220 879
🕐 4～9月每日09:00～21:00
💲 全票300克朗，半票200克朗
➡ 輕軌17、18號至Karlovy lázně；或從地鐵A線
　Staroměstská步行約5分鐘
🌐 www.prague.eu/klementinum
🗺 P.60

克萊門特學院圖書館

塔樓觀看提恩教堂

　查理大橋前有座龐大的建築體——克萊門特學院，在學術上占有極高的地位。克萊門特學院是全布拉格僅次於布拉格城堡的第二大複合式建築，封閉式的架構主要分為5個中庭、2個教堂、3個禮拜堂，以及2個塔樓，也是目前國家圖書館的一部分。

　11世紀時原為一個小禮拜堂，到16世紀變成全世界第三大的耶穌會大學，17世紀併入查理大學與其圖書館，18世紀更建構了天文台，記錄捷克天文氣象觀測資料至今，是世界上少數具有如此龐大準確數字的天文數據庫，許多著名的天文學家與查理大學的名人們都曾此研究與學習，非常具有歷史學術價值。圖書館內藏有中世紀手工圖書與精美的地球儀，非常值得一看。位於1樓的鏡子禮拜堂，以當時獨一無二的天花板鏡面反射工藝製成，目前鏡子禮拜堂只提供購買音樂會觀眾進入，而68公尺高的天文塔樓則展示著舊時天文學家們觀察星象與測量時間的方式，至今尚可使用。

　在塔樓上能360度觀賞到布拉格美麗動人的風景，是不可錯過景點之一(目前鏡子禮拜堂只提供購買音樂會觀眾進入)。

註：此導覽無電梯設施，不立於行動不便之遊客。

塔樓眺望布拉格城區

塔樓眺望布拉格城區

查理街 Karlova ulice

➡ 輕軌17、18號至Karlovy lázně；或從地鐵A線Staroměstská步行約5分鐘
🗺 P.60

　　這條綿延曲折的查理街總是人聲鼎沸，古時候此路是國王加冕之路的一部分，也是目前主要貫通查理大橋與老城廣場的道路，至今商家林立依舊人滿為患。路上的建築與石磚依然保有原始風貌，也充分表現出各時期的建築特色，

清晨難得可見無人的查理街

街上的克萊門特學院、175號的Dům U Zlaté studně、188號的Dům U Francouzské koruny等都擁有獨特的建築雕刻裝飾作品。由於路上多數攤販會販售黑光劇、木偶劇、音樂會等票券，但還是建議前往國家劇院、魯道夫音樂廳、市民會館等國家級劇院較為便宜值得。

捷克民族音樂作曲之父

史邁坦納博物館
Muzeum Bedřicha Smetany

✉ Novotného lávka 1, 110 00, Praha 1
☎ 222 220 082
🕐 每日開放(除週二)10:00～17:00
💲 全票50克朗，半票30克朗
➡ 輕軌17、18號至Karlovy lázně；或從地鐵A線Staroměstská步行約5分鐘
🌐 www.nm.cz
🗺 P.60

　　出生於利托什梅爾(Litomyšl)的史邁坦納，可以說是捷克音樂作曲之父，其創作充分表現他的愛國情操與精神。歷經妻兒過世與晚年失聰，到最後送到精神病院，都沒有打擊他對音樂的喜愛熱忱，更在失聰後創造了最膾炎

人口的歷史名曲《我的祖國》，至今每年布拉格之春音樂季(Pražské jaro)，都以此樂曲為開場以表示對他的敬重與緬懷。此博物館坐落在查理大橋旁河畔，原是以新文藝復興風格改建的自來水廠，內部展示許多史邁坦納生前的樂譜、書信、鋼琴等遺物，最特別的是民眾可以站上指揮台使用感應式的指揮棒，選擇自己想聽的樂曲，十足過過當指揮家的癮。

博物館內部

博物館外觀與雕像

聖方濟史拉分尼教堂

Sv. Františka Serafínského

➡ 輕軌17、18號至Karlovy lázně；或從地鐵A線
　Staroměstská步行約5分鐘
🗺 P.60

位於查理大橋聖十字軍廣場旁的聖方濟史拉分尼教堂，原是聖十字騎士的修道院，內部圓頂上有《最後的審判》壁畫，外牆的雕像為聖瓦茲拉夫、聖約翰內波穆克，

聖內波穆克慶典的人潮

以及聖母瑪利亞，每年的聖約翰內波穆克節都會在此聚集祈禱祝福，目前晚間大多作為演奏會使用場地。

布拉格市立圖書館

Městská knihovna v Praze

✉ Klementinum 190, 110 00, Praha 1
☎ 221 663 111
🕐 週一～六09:00～19:00
➡ 輕軌17、18號至Karlovy lázně；或從地鐵A線
　Staroměstská步行約5分鐘
🌐 www.nkp.cz
🗺 P.60

布拉格市立圖書館，是開放大眾閱讀與借書的地方，進門入口處擺了一個以各種書籍做成裝飾的雕塑品，讓人們可以將頭伸進去觀看內部反射的鏡子，就好像在隱喻書中浩瀚淵博的知識沒有止境一般。此處有時也會舉行各種說明會或電影放映活動，非常受到市民的喜愛。

布拉格市立圖書館外觀

圖書館入口處的裝置藝術品

歷史與文化知性之美麗宮殿

克拉姆－葛拉斯宮

Clam-Gallasův palác

✉ Husova 158/20, 110 00, Praha 1
☎ 236 001 111
➡ 巴士294號至Mariánské náměstí或老城廣場步行5分鐘即可
🗺 P.60

從查理大橋往老城廣場的路上，在Husova 20號有棟巴洛克風格建築，門面以兩對希臘神話

入口

內部

石巨人赫克力斯承擔重量。這是18世紀奧地利外交官葛拉斯伯爵的建物，現在作為布拉格市檔案館使用，且不定期舉辦各種文化活動。內部的天花板畫作與樓梯都呈現精美細膩的風格。宮殿的北面是著名的特雷莎噴泉(Kašna Terezka)。

捷克歷史繁華再現

老城廣場

Staroměstské náměstí

➡ 地鐵A線至Staroměstská、Můstek或地鐵B線至Náměstí Republiky
🗺 P.61

擁有900多年歷史的老城廣場，以紀念楊‧胡斯(Jan Hus)的紀念碑為中心，周圍環繞著哥德式的提恩教堂、巴洛克式的聖尼古拉斯教堂、洛可可風格的金斯基宮，以及立體派的石鐘屋，呈現出多樣化的歷史建物，更有舉世聞名的天文鐘與舊市政廳。

老城廣場子午線

廣場上經常舉行許多大型活動或傳統市集，也是國王皇家之路通往查理大橋所經之處。由於此廣場連接查理大橋、新城區、猶太區，至今依然保有其原始風貌，所以吸引許多遊客的聚集。值得注意的是，在老城廣場上有一個不甚起眼、鋪設在地面石磚間、以捷克文與拉丁語寫著測量時間的子午線。

觀光客與街頭藝人

老城廣場 為了宗教而奮鬥的烈士

胡斯雕像

MAP P.61　Pomník mistra Jana Husa

捷克的宗教精神領袖——胡斯 (Jan Hus)，其紀念雕像坐落在著名的老城廣場正中心，胡斯雕像是由1915年拉迪斯拉夫夏隆所雕刻以紀念胡斯500年冥誕的作品。

老城廣場 走進圍繞古井的文藝復興風格

小廣場

MAP P.61　　Malé náměstí

一分鐘之屋後方的小廣場有個從文藝復興時代起就很知名的古井，外側以精緻的金屬圍欄包圍，後方的VJ Rott房子上所繪精美的壁畫，是Mikoláš Aleš的作品。值得注意的是，周遭圍繞此井的房子上，多數都有奇特的雕飾或是家徽，以凸顯自己的身分與地位。

廣場全景

老城廣場 追尋卡夫卡的蹤跡

一分鐘之屋

MAP P.61　　Dům U Minuty

在市政廳旁的一分鐘之屋，其名稱來源已無法得知，不過這牆面上有著細緻的雕刻，述說著聖經與神話故事。最早為一間藥局，藥局老闆請人將白獅雕刻在屋上，最後擁有此房屋的人則是知名的卡夫卡一家人。

老城廣場 石聖母的庇祐

斯托胡之家

MAP P.61　　Štorchův dům

通往火藥塔與市民會場的方向，有一棟擁有華麗壁畫與突出石窗的建築，牆面繪著聖瓦茨拉夫領軍出征的情景，又別稱為石聖母之家，此因中世紀黑死病守護神石聖母的雕像在其建築上，目前內部為泰式按摩店家。

Staré Město a Josefov

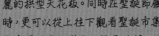

夜間避開人潮欣賞美景

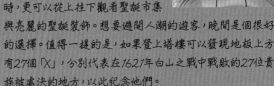
塔樓內壁畫

布拉格的塔樓眾多,如果要觀看老城廣場的風光,可以買票上舊市政廳塔樓,特色是營業時間到晚上10點,內部設有電梯,出口處還可以看到舊市政廳內部華麗的拱型天花板。同時在聖誕節慶時,更可以從上往下觀看聖誕市集與亮麗的聖誕裝飾。想要避開人潮的遊客,晚間是個很好的選擇。值得一提的是,如果登上塔樓可以發現地板上方有27個「X」,分別代表在1621年白山之戰中戰敗的27位貴族被處決的地方,以此紀念他們。

塔內美麗的螺旋電梯

老城廣場 壯觀地標建築與歷史的遺跡

舊市政廳

MAP P.61 **Staroměstská radnice**

✉ Staroměstské náměstí 1, 110 00, Praha 1
☎ 775 443 438
ⓒ 請上官網查詢
💲 全票300克朗,半票200克朗
➡ 地鐵A線Staroměstská、Můstek或地鐵B線 Náměstí Republiky
http www.staromestskaradnicepraha.cz

塔樓風景一角

聳立超過半世紀的重點地標市政廳,擁有壯觀的天文鐘、哥德式樓塔、漂亮的內部裝飾,以及彩繪天花板,都是深受遊客青睞的必遊重點之一。建於1338年,原本只是哥德式建築的一部分,但是隨著時間的增建,有了天文鐘、議會大廳、羅馬式建築地下室、70公尺高的鐘塔,還有凸窗禮拜堂等豐富的裝飾,並合併了西側幾間房舍與修道院,才有了眼前的規模,整合增建部分具有文藝復興的風格。目前市政廳為展覽區與布拉格市旅遊中心和燈塔入口。

市政廳與天文鐘

市政廳側面

老城廣場 跨越600年的鬼斧神工

布拉格天文鐘

`MAP` P.61　　*Pražský orloj*

來到布拉格，旅客們最想要親眼目睹的就是這擁有600多年歷史的世紀天文鐘，時至今日，其鬼斧神工的技藝依然令人讚歎。天文鐘除了運行時間外，也將波西米亞的傳統與信仰放入其中。天文鐘總共分為3個部分：最上面有2個可開關的窗口，每小時固定顯示12個旋轉的門徒像；中間部分是主要的天文鐘面，代表太陽與月亮的方向與時間，還有4個雕

天文鐘時鐘體

像；最下面的部分是代表月分的日曆盤與剩下的4個雕像。

起源

此鐘的建造最早可追溯到1410年，是由鐘錶師傅Mikuláš of Kadaň和Jan Šindel所製作，其中Jan Šindel更是查理大學數學與天文學教授。到了1490年，添加了日曆與哥德式的外觀雕塑，17世紀添加了活動的雕像，1866年才完成了上方的門徒畫像。在1552年的報告中顯示，Jan Růže (也稱為Hanuš)是當時的天文鐘製造商，不過大家老是傳說因為布拉格的市議員害怕他另外製造一個相同的天文鐘，所以把他的眼睛戳瞎，以確保天文鐘是獨一無二的作品，因此Hanuš也將此天文鐘破壞，讓人無法修復。現在證實此事並非事實，只是Alois Jirásek捏造的傳說罷了！

天文鐘塔樓

天文鐘日曆

天文鐘中間主體

中間主體是一個機械式的天象儀，背景中心的藍色地球代表當時的天空，藍色部分代表地平線以上的天空，橘紅色代表黃昏或黎明，黑色代表夜晚，並且以拉丁文寫著Aurora、Ortus (上升)、Occasus (黃昏)與Crepusculum (黎明)。外為藍色圈的金色羅馬數字，分別是布拉格的時間，以12小時計算。黑色外圈可移動的黃道環，標記太陽的位置與12星座。在鐘的最外緣，是以古阿拉伯數字顯示的舊式時間。指針上的金色圓球代表太陽在黃道上的位置，並且有3種方式顯示時間。

雕像

除了在時鐘上方可以移動的門徒雕像外，在天文鐘主體旁有4個雕像，分別代表當時最受鄙視的4種事情，分別是：頭部轉動拿著金色鏡子的人，代表虛榮與懼怕死亡的念頭，另外一個解釋是透過鏡子看到物質世界的魔術師；在旁一手拿著拐杖、另一手拿著錢袋的使者代表吝嗇，也有人說是貪婪或是高利貸的猶太人；然後是最受人矚目、手拿著沙漏與鈴噹的骷髏人，代表時間有可能隨時停止；最後一個拿著琴把的是代表快樂或欲望的土耳其回教徒。另外在下方日曆旁的4個雕像，分別為天文學家、米迦勒、哲學家，以及歷史學家。

日曆

最下方的日曆有12個圓圈，內部描繪著一年四季工作生活的波西米亞人，外圈的字體則是相對的日期和名字。大部分的捷克人到現在除了慶祝生日之外，也會慶祝自己的命名日。目前真跡收藏在布拉格市立博物館內。

布拉格嘉年華　　　　　　　　　　提恩教堂入口與內部

提恩聖母教堂

MAP P.61　　**Týnský chrám**

✉ Celetná 5, 110 00, Praha 1
☎ 222 318 186
🕐 請上官網查詢
➡ 地鐵A線Staroměstská、Můstek或地鐵B線 Náměstí Republiky
🌐 www.tyn.cz/cz

老城廣場最醒目的哥德式尖塔教堂，就是提恩教堂，尤其到了夜晚，尖塔上的純金圓棒有如童話故事中的魔法棒，點亮整個老城廣場，尖塔中間則有一尊純金的聖母瑪利亞像。教堂建於13～16世紀，高達80公尺，在17世紀時，內部增添了巴洛克式裝飾與全布拉格最古老的管風琴，而中世紀時更是胡斯派進行宗教改革的集會地。

教堂前面的建築是提恩學校，後

復活節活動

面中庭舊時是招待外國旅客的住宿場所，知名的拱型迴廊建築格拉諾夫宮，是文藝復興保存最完好的建築之一，牆上的裝飾描繪著聖經與希臘神話的故事。

眾多餐廳與商家環繞著提恩中庭，知名的捷克有機手工皂波丹妮(Botanicus)總店也開設在此處。

● ●

石鐘之家

MAP P.61　**Dům U Kamenného zvonu**

位於金斯基宮旁的石鐘之家也是通往提恩教堂廣場的主要出入口，最早可追溯到13世紀。原本為哥德式風格，經多次整修後變成巴洛克風格，但最後到1960年又改成原本的哥德式塔樓風格。由於外牆左上角始終留有原本的石鐘而因此得名，目前館內為布拉格市藝廊與展覽場地。

石鐘之家外觀

老城廣場 繽紛的粉紅雕花牆妝點燈光節活動

金斯基宮

MAP P.61 **Palác Golz-Kinských**

- ✉ Staroměstské náměstí 12, Praha 1
- ☎ 224 810 758
- ⏰ 請上官網查詢
- 💲 請上官網查詢
- ➡ 地鐵A線Staroměstská、Můstek或地鐵B線 Náměstí Republiky
- http www.ngprague.cz

外觀

目前為國家藝廊的其中一個分館，外牆上裝飾著可愛的粉紅色精美雕花，就坐落在老城廣場上，最早是葛茲伯爵的豪宅，伯爵去世後由外交官金斯基買下，並修復為古典帝國主義風格，此處也曾是卡夫卡就讀的地方。

正面燈光節特別活動

老城廣場 琳瑯滿目的水晶吊燈

聖尼古拉斯教堂 (老城區)

MAP P.61 **Kostel svatého Mikuláše**

⏰ 週一～六10:00～16:00，週日11:30～16:00

建立於18世紀的巴洛克教堂，聳立於老城廣場巴黎街入口旁，內部有聖尼古拉斯的雕塑與特別的裝飾，使整體光線效果非常炫麗，中間的水晶燈吊飾則是哈拉霍夫玻璃廠的作品，目前每日都有販售音樂演奏票券。

內部水晶吊燈

外觀

聖誕節從市政廳塔樓觀看教堂

巴黎街

Pařížská ulice

➡ 老城廣場步行或輕軌17號Právnická fakulta
🗺 P.61

　　街景如同其名，就像是布拉格版的香榭麗舍大道，高價奢華品牌進駐占領整條街，大道上的每棟建築，都以優雅的新藝術風格裝飾，莊嚴的氛圍配上兩側的樹蔭遮蔽更顯寧靜，喜歡頂級奢華品如LV、Gucci、Prada、BV、Rimowa等的民眾，荷包可要看緊！巴黎街尾端連接著猶太區，或許也是象徵此世代文化融合無階級之分的意義吧！

聖誕節燈飾

巴黎街景

聖雅各伯教堂

Kostel svatého Jakuba Většího

✉ Malá Štupartská, 110 00 Praha 1
🕐 週二～六09:30～12:00、14:00～16:00(週五只到15:30)，週日14:00～16:00
➡ 地鐵B線Náměstí Republiky或Bus 294號Masná
🌐 praha.minorite.cz
🗺 P.61

　　最早是修道院，後來重建為巴洛克式風格教堂。最特別之處在於內部藏有18世紀波西米亞掌管財務公爵的華麗棺木。教堂西側牆上懸掛著一個人手的雕像，傳說曾有小偷想偷取聖母雕像上的珠寶，聖母顯靈抓住小偷的手，直到小偷砍掉手後才得以脫逃，以此警惕世人不要有偷竊之心。

教堂外部與內部

國王加冕之路起點

火藥塔

Prašná brána

✉ Náměstí republiky 5, Praha 1
☎ 224 816 772
ⓒ 請上官網查詢
💲 全票190克朗、半票130克朗
➡ 地鐵B線Náměstí Republiky往Náměstí Republiky或Prašná brána出口
🌐 www.prague.eu/prasnabrana
🗺 P.61

原為哥德式的建築，始建於11世紀，同時也是國王加冕之路的起

火藥塔背面

點。但隨著國王搬遷王宮到布拉格城堡後，此城門重要性驟減，到17世紀成為存放火藥的地點而改稱火藥塔，然而因為年久失修，直到18世紀建築師J. Mocker以新哥德式風格整修此塔，並添加石材雕刻才成為目前所看到樣貌。塔高65公尺，共分成3個樓層。

火藥塔與市民會館連接

露天建築博物館之旅

采萊特納街

Celetná ulice

➡ 地鐵B線Náměstí Republiky往Náměstí Republiky或Prašná brána出口
🗺 P.61

從火藥塔往老城廣場方向走，是舊時東西歐貿易必經之地，加上又是國王加冕之路的起點，短短的400公尺路面就像是個露天的建築博物館，每個建築物門上都會鑲有家徽或是代表主

清晨街景與建築

立體派建築──石聖母之家

人地位的牌子，巴洛克風格的粉刷、羅馬式的地基、立體派的建築琳瑯滿目。現今商家林立非常熱鬧，值得注意的是在Celetná與Ovocný trh街交接之處有一棟立體派的建築──石聖母之家，由20世紀建築師Josef Gočár建造，以牆面上的石聖母雕像為命名，不僅大樓正面使用立體主義風格，內部的咖啡廳也展現此風格。

跨越世代的名人導師群聚名校
卡羅麗娜學院
Karolinum

✉ Železná 541/9, 110 00, Praha 1
➡ 地鐵A線Můstek
http www.cuni.cz/UK-1436.html
MAP P.61

　　全中歐最古老的查理大學是由查理四世創立於1348年，卡夫卡、愛因斯坦、米蘭昆德拉等都曾在此教授或就讀，其中則以卡羅麗娜學院最為知名。此地原本是Rotlez之屋，被人買下後擴建成今日所見的模樣。原為巴洛克風格，但因歷史戰爭破壞，以致目前外觀僅剩突出的石雕外窗，從建築的工法上看得出與建造聖維特大教堂的建築師P. Parler同一出處。目前除了畢業典禮或是重要活動，平時不對外開放。

石雕外窗

學院外觀

莫札特對布拉格之愛
史塔沃夫劇院
Stavovské Divaldo

✉ Ovocný trh 1, 110 00, Praha 1
☎ 224 901 448
➡ 地鐵A線Můstek步行約2分鐘
http www.narodni-divadlo.cz
MAP P.61

紀念莫札特《唐凡尼》在此演出

　　在此可以找到莫札特的遺跡。此劇院建於1783年，也是布拉格新古典主義風格的第一個建築。莫札特的劇作《費加洛婚禮》在家鄉並未得到迴響，但《唐喬凡尼》因為劇作內容與捷克民情相近而獲得廣大支持，也因此紅回家鄉。他人生中總共前來布拉格3次，最後一次是死前的5個月，就知道這裡是如何地吸引他，也因此可以透過莫札特的38號交響曲《布拉格》了解他對此地的喜愛，目前此劇院為國家劇院分館。特別值得一提的是冬季時，劇院後門通常會建造雪上溜冰場，提供大眾租鞋溜冰。

劇院後門與國家劇院貨車

劇院正面外觀→

捷克科技大學畢業證書範本

胡斯的宗教精神與傳承

伯利恆禮拜堂

Betlémská kaple

- ✉ Betlémské náměstí 255/4, 110 00, Praha 1
- ☎ 224 248 595
- ⏰ 每日09:00～17:30
- 💲 全票60克朗，半票30克朗
- ➡ 地鐵B線Národní třída步行約7分鐘
- http www.bethlehemchapel.eu
- MAP P.60

目前是國家文化紀念館之一，它在胡斯的宗教改革上占了很重要的地位。始建於14世紀，當時商人Jan Kriz和Hanus出資建造以捷克語為主的禮拜堂，15世紀胡斯在此禮拜堂擔任牧師佈道時，

連蘇菲亞皇后都前來聆聽。但因年久失修，加上戰爭的破壞，使得此地幾近全毀，直到1948年才開始以歷史資料修復。內部北牆還留有1412年原始的部分壁畫。承繼著大學的傳統，1993年被捷克科技大學當做禮堂使用，學校在毫無經費補助之下進行管理與維護，平日開放給遊客參觀，不過地窖禮拜堂只有在特別時間開放。

禮拜堂

留有部分原始壁畫

旅行小抄

哈維爾市集Havelské Tržiště

- ✉ Havelská 13, 110 00 Praha 1
- ➡ 地鐵A線Můstek，往老城廣場方向步行1分鐘
- MAP P.61

布拉格有許多大大小小的傳統與農產品市集，而此市集是歷史最為悠久的一個。始於1232年，是目前老城市中心唯一保留的傳統露天市集。此處可說是布拉格紀念品的採買寶地，在此販賣各式水果與紀念品，紀念品價格比一般紀念品店便宜，但水果價格以100克計算則比超市還貴，越後面的攤位價格稍低。畫作部分是拷貝後再手工簽名，如果是親筆畫作價格會有差異，不妨詢問老闆。缺點是此處都以現金交易且不退稅，所以需備妥現金。

布拉格——老城區與猶太區

卡羅麗娜學院‧史塔沃夫劇院‧伯利恆禮拜堂

追尋卡夫卡的蹤跡
卡夫卡出生家
Franz Kafka's Birthplace

- ✉ Maiselova ulice與Franze Kafky轉角處
- ➡ 地鐵A線Staroměstská或老城廣場步行即可
- 🗺 P.60

Franze Kafky街與卡夫卡屋的咖啡館

　　卡夫卡，一個與布拉格不可分割的舉世聞名文學作家，也是村上春樹最欣賞的作家之一。於1883年在此出生，此棟建築物轉角也製作了

他的頭像，並且以他的名字作為街名，整個布拉格幾乎都遍布著他所停留的遺跡。他是個出生於傳統猶太家庭的孩子，熱衷寫作，使用虛構與現實交會的筆法來描述他的生活經歷，藉由他細膩的筆法，亦可考究當時的生活樣貌，可惜幾乎所有作品都是在他死後才被發掘重視。黃金巷、查理大學、猶太區都少不了他的蹤跡。

古典歐洲文藝完整呈現
裝飾藝術博物館
Uměleckoprůmyslové museum v Praze

- ✉ 17, listopadu 2, 110 00, Praha1
- ☎ 251 093 111
- 🕐 週二10:00～20:00，週三～日10:00～18:00
- 💲 全票350克朗、半票180克朗
- ➡ 地鐵A線Staroměstská或輕軌17號Právnická fakulta
- 🌐 www.upm.cz/umeleckoprumyslove-museum-v-praze-historicka-budova
- 🗺 P.60

　　位於魯道夫音樂廳旁的文藝復興建築內，展出許多當代與20世紀前

的歐洲琉璃、陶器、珠寶與紡織等文物，如果喜歡古老飾或是古代歐洲服飾的人可別錯過。館內漂亮的天花板圓頂與穹頂相得益彰，寬敞大器的玄關讓人不免停下腳步仔細觀看。此館也展出查理國王之前收藏在卡爾修坦城堡的銀器寶物。

內部裝飾

歐洲古鐘展覽

內部裝飾

捷克愛樂的演奏聖殿

魯道夫音樂廳
Rudolfinum

✉ Alšovo nábřeží 12, 110 00, Praha 1
☎ 227 059 227
➡ 地鐵A線Staroměstská
http www.ceskafilharmonie.cz
MAP P.60

內部與藝廊

外表莊嚴典雅的魯道夫音樂廳採用新文藝復興風格，建於1876～1884年間，與國家劇院的建築師同為J. Schulz和J. Zítek，並以王位繼承人魯道夫之名命名，1919年曾是

在特別開放日從陽台眺望布拉格城堡與廣場

國家眾議會場，目前是捷克愛樂(Česká filharmonie)的主場地。

創立於1896年，享譽世界的捷克愛樂樂團，當年在德弗札克(Antonín Dvořák)的指揮下，在此進行第一次演出，其內部又以德弗札克廳最顯富麗堂皇，也是每年舉行布拉格之春音樂季的主要演奏廳之一。除了演奏會時間開放之外，平時民眾可以購票前往音樂廳內的藝廊參觀，或前往內部咖啡館。

全歐保存最完整
猶太區
Josefov

- 222 749 211
- 請上官網查詢
- 地鐵A線Staroměstská；或輕軌17號Právnická fakulta；或從老城區步行巴黎街方向
- www.jewishmuseum.cz/en/ainfo.htm
- P.62

猶太區標誌與購票資訊中心

　　全歐洲保存最完整的猶太區就在布拉格，歷史可追溯到13世紀，但如今的猶太區都是在19世紀末20世紀初重新改建而成，主要包含4座猶太教堂、1個墓園、以及禮儀大廳。而在猶太教堂與基督教聖靈教堂邊界設立了一尊卡夫卡雕像，是為了表達布拉格人對於多元文化與信仰的包容性，同時以2座教堂的探照燈互相照射在對方教堂上，以表尊重與融合。參觀路線可以從老城廣場巴黎街，或是地鐵站Staroměstská步行進入，此區的紀念品兼具猶太風格且價格稍加便宜。

象徵多元文化融合的猶太與基督教堂

卡夫卡的雕像

猶太區與巴黎街交叉處

以泥偶保護猶太人

玩家交流

充斥在猶太區的紀念品店會販售一個叫做Golem、像是泥人的可愛玩偶，據說是猶太教以巫術黏土做成的有生命的泥人，藉此來保護備受迫害的猶太人，所以又稱為猶太人的守護神。在此區的紀念品攤販買會較老城區來得便宜，而且只有此區才可以購買到有猶太風格的小飾品與紀念物。

以Golem為名的餐廳

猶太區 埋藏千萬歷史的過往

舊猶太公墓

MAP P.62 **Starý židovský hřbitov**

交錯堆疊的墓碑，埋藏了成千上萬的歷史過往。這裡是世界上最大的舊猶太墓園，由於空間有限，加上猶太人不破壞墓碑的習俗，所以不斷填補土壤以製造新的墓碑。此處一直使用到1787年，共有12,000個墓碑立於此處，墓碑上的符號代表家徽或其職業象徵。

知識充電站

法蘭茲・卡夫卡(Franz Kafka)：20世紀最具影響力的作家

卡夫卡(Franz Kafka)不僅被村上春樹視為最喜愛的小說家之一，也被喻為20世紀最具代表性作家之一。於1883年出生在布拉格猶太家庭的卡夫卡，雖說捷克語但使用德語寫作，再加上那時代的種種民族、政治矛盾與他的創作有很大的關聯，他將內心交錯的矛盾情感明顯表達出來，加上荒謬的形象與直覺象徵的手法，來寓言當時社會與環境的困境。他的一生幾乎都生活在布拉格，所以作品內容與足跡遍及整個布拉格，如果說他是布拉格的代表人物一點也不為過。值得注意的是，他的作品常以布拉格為場景，而他筆下所描述的地方，到現在都還存在且保存完整，不只猶太區，大家可以在布拉格城堡黃金巷、Jindřišská街、查理大學、羅浮咖啡館等看到蛛絲馬跡。但是遺憾的是，他的作品在他生前並未受到大眾歡迎，他甚至要求他的好友Max Brod將所有稿件銷毀，但是好友並未依照他的遺願，反而將其作品公開出版，才受到大眾矚目。

舊新猶太會堂
MAP P.62 **Staronová synagoga**

🕐 週四～日(除週五、六和猶太假期)，1～3月09:00～17:00，4～10月09:00～18:00，11～12月09:00～17:00
💲 全票220克朗，半票150克朗

　　世界上最古老珍貴的猶太古蹟之一，屬於13世紀的哥德式建築，外牆以石雕裝飾與巨齒狀的尖頂，內部延續中世紀樣式的2個主殿，至今依然是猶太人的祈禱室與主要教堂。

西班牙猶太會堂
MAP P.62 **Španělská synagoga**

內部

　　此會堂號稱最美、最華麗的摩爾復興式猶太會堂，建於1868年，內部擁有色彩豐富且金碧輝煌的圓頂，另外還有獨特的管風琴，除了是博物館之外，在夜晚也常拿來當作音樂會的場地。稱為西班牙猶太會堂並非因曾有西班人參與，而是相傳此建築風格屬於西班牙猶太文化的輝煌時期，非常推薦前往參觀。

外觀

Staré Město a Josefov

猶太區 珍藏猶太宗教文物
瑪瑟爾猶太會堂
MAP P.62 **Maiselova synagoga**

　　原為文藝復興風格，但是經過火災重建後成為巴洛克風格，最後19世紀又改為哥德式風格，目前是珍藏許多猶太珍貴文物與宗教法器之地，其名稱是以當時猶太長老瑪瑟爾出資重建而命名。

猶太區 猶太公民留名紀念館
平卡斯猶太會堂
MAP P.62 **Pinkasova synagoga**

　　位於猶太公墓旁的此會堂興建於15世紀，但經過洪水破壞之後改為巴洛克風格，直到第二次世界大戰成為猶太公民紀念館。房間的牆上寫了將近8萬人的名字，但後期又因水災而關閉，直到20世紀末才恢復其原樣。

猶太會堂外觀

猶太區 貼近猶太人的生活
克勞斯猶太會堂與葬儀大廳
Klausová synagoga a obřadní síň

MAP P.62

　　採用巴洛克風格的會堂裡面收藏許多猶太人的傳統與特別聖日的紀念展品，如果想要了解猶太人生活習俗禮儀的人，可以前往此處觀賞。葬儀大廳是猶太人舉行葬儀的重要場所，也可在此了解如何舉行簡單且莊嚴隆重的盛大儀式。

克勞斯猶太會堂

葬儀大廳

購物指南

奢華精品一網打盡
巴黎街
Pařížská ulice

🌐 www.parizskaulice.cz/en
🗺 P.61

如果想要購買奢華精品，千萬別錯過在老城廣場與猶太區中間的巴黎街，如同巴黎的香榭麗舍大道，此處是國際奢華品牌與鐘錶、時尚衣物的集中地，每個店家都有自己獨立寬敞的店面吸引喜愛自家品牌的民眾，從Cartier、Louis Vuitton、Gucci、Prada到Rimowa行李箱，在此都能一覽無遺。

與眾不同的酒類香氛產品
曼菲蘿
Manufaktura

✉ Melantrichova 17, Praha 1
☎ 230 234 376
➡ A線Můstek步行5分鐘往老城廣場方向
🌐 www.manufaktura.cz
🗺 P.61

與波丹妮性質相似，但其主打啤酒、葡萄酒等系列的手工皂與木製傳統玩具，在市中心隨處可見。如果想要試試看不同的香氛產品或是手工玩具，不妨前往採購。值得注意的是，由於市中心的店家與百貨商場有部分不同的微幅價差與活動促銷，可以多做比較。

捷克知名純手工有機香氛品牌
菲丹妮Botanicus

✉ Týn 3/1049 (Týnský dvůr-Ungelt)110 00 Praha 1
☎ 325 551 235
🕐 每日10:00～19:00
➡ A線Staroměstská、Můstek或地鐵B線 Náměstí Republiky步行往老城方向
🌐 www.botanicus.cz
🗺 P.61

純手工的捷克香皂與香氛品牌，採用天然自有的有機農場與花園，在臺灣也已有代理進口，但由於價差甚大，所以常常造成觀光客瘋狂搶購，除此之外也開放遊客參觀有機花園與農場，春夏秋季都會舉辦相關活動與傳統慶典，有興趣的民眾可以洽詢官網。由於觀光客眾多，建議大家避開下午的時段購買，聖誕節限量的花果茶也非常受到遊客們的喜愛。

旅行小抄

布拉格的退稅方式

在捷克同一店家購物滿2,001克朗即可退稅，但是由於臺灣無法直接兌換克朗，所以在機場退稅的民眾多半選擇退換歐元為主。但在菲丹妮總店可以在現場直接辦理現金退稅(需注意只能退捷克Planet公司)，方便民眾直接退領克朗，繼續在捷克使用，省下到機場換歐元的手續費。但須注意在此退稅還是需要在機場給海關補蓋章，否則日後退稅公司會從信用卡扣回預先退給的現金。

傳統木製玩具讓人童心未泯
小鼴鼠的玩具店
Hračky U
Krtečka

店門口

✉ Havelská 11-13, 110 00, Praha 1
🕐 週一～五09:00～18:00、週六10:00～16:00、
週日11:00～17:00
MAP P.61

　　位於哈維爾市集旁的店家，以傳
統的雙開門口擺放一隻大型的小
鼴鼠當作招牌。這間店販售眾多琳
瑯滿目的捷克木製玩具與玩偶，
在此都可以找到與小鼴鼠相關產
品的蹤跡，是個讓人童心未泯的
好去處。

捷克木製玩偶

知 識 充 電 站

小鼴鼠妙妙奇遇記(Krtečka)

在布拉格隨處可見這個可愛的卡通玩偶，他的名字叫做小鼴鼠，是由捷克畫家
Zdeněk Miler創作的卡通人物，1956年從布拉格開始，到現在已經遍及世界各
地，臺灣在1985年於公視首播。小鼴鼠的最大特色是作者希望全世界各地的孩
子都能看懂，所以使用可愛簡單的嗓音來替
代對話，因而吸引許多小朋友們的喜愛，至
今仍是捷克兒童的最愛。2011年由於美國太
空人Andrew Feustel帶著捷克裔老婆給的小
鼴鼠玩偶登上太空船，而後捷克畫家也推出
了小鼴鼠登上太空系列，非常俏皮可愛。

■ 奢華時尚的頂級箱王
RIMOWA
行李箱

✉ Pařížská 130/26, Praha 1
🕐 每日10:00～19:00
📞 777 997 886
🌐 www.rimowa.com/cz/en/home
🗺 P.61

如果你是個追求時尚愛好者，那你一定對這個品牌不陌生，好萊塢的各大電影明星與許多動作片中都可以看到男主角提著一個鋁製行李箱衝鋒陷陣，堅固難催

的材質與外型深受各大名人喜愛。這個源自德國的老品牌以耐摔與特殊的輕量材質打造它尊貴的身價，而2016年被世界頂級奢華品牌LV集團給買下，更將此品牌推向奢華時尚的巔峰。但是值得注意的是除了經典鋁製款為德國製，其餘多數輕量材質為捷克製造，這再一次證明了捷克精湛工藝技術。

■ 飾品造型典雅流線，深受喜愛
Apm & Les
Néréides

✉ Celetná 4, 110 00 Staré Město
📞 775 129 634
🕐 10:00～19:00
➡ 地鐵站Mustek
🌐 www.apm.mc
🗺 P.61

來自南法的小國家摩納哥的純銀飾品，走極簡與小鑽的設計搭配流線型美感，受到國內外藝人與時尚名媛的喜愛。店內除了此品牌外，另外也同樣引進來自法國的

Les Néréides飾品，其搭配細緻的手繪琺瑯、水晶、半寶石等創作異材質混搭的設計，其中最知名、最經典的芭蕾舞伶系列，以手工繪製的各式舞姿深受大眾喜愛。

精緻小巧的店家

139

▌時尚名品掏寶區
Fashion Arena Outlet暢貨中心

✉ Zamenhofova 440, 108 00 Praha-Štěrboholy(每日早上10:00從V Celnici 7 (Hilton Prague Old Town)出發,請務必上網預約座位)
☎ 234 657 111
🕐 每日10:00～20:00
🌐 www.fashion-arena.cz/en

　　如果你與捷克人一樣喜好運動、追求運動商品,那你可以來看看位在布拉格市郊的Fashion Arena Outlet。內有超過100間店家,多數為運動用品牌,絕對可以滿足您的需求。尤其在打折季,價格甚至下殺3～5折非常優惠,其中Pandora的飾品又堪稱全歐洲最划算,購物滿2,001克朗即可在客服中心辦理退稅。但如果你追求奢華大牌,那此處可能選擇性相對稀少。

▌閃耀動人的水晶饗宴
Swarovski 斯華洛世奇

✉ Malé nám. 1, 110 00 Staré Město
☎ 273 139 444
🕐 每日10:00～20:00
🌐 www.swarovski.com/en-CZ
🗺 P.61

　　源自奧地利的斯華洛世奇水晶玻璃飾品,風靡全球無人不知,其亮麗精緻設計的水鑽飾品深受廣大民眾的喜愛。由於地緣關係,捷克的售價因匯率的價差,有時比奧地利還低,但是基本上差異不大。布拉格的兩間旗艦店其炫麗的水晶落地窗與華麗的裝飾,都讓人以為到了時尚伸展台,閃得睜不開眼。捷克的店家有時候也會推出捷克限定款或是相關優惠,絕對不能錯過。

特色餐飲

大型遊船改造成義式餐廳
Marina Grosseto Ristorante

✉ Alšovo nábřeží, Praha 1
📞 605 454 020
🕐 每日12:00～00:00
➡ 地鐵A線Staroměstská往河岸步行3分鐘
🌐 www.marinaristorante.cz
🗺 P.60

想要看河景與城堡風光，又不想走奢華高貴路線的民眾，可以選擇位於魯道夫音樂廳靠河沿岸的義大利餐廳Marina，本身是艘大型船艇改裝成義式餐廳，沿河景

致非常優美，內部也以開放式的用餐空間與快速的上餐服務受到本地人的喜愛。用餐時間一位難求，特別是由於廚房位在下方樓層，服務生會以可愛的吊籃將餐點送上地面層再端給客人，非常有趣。

餐點與座位景觀

典雅派立體藝術風格咖啡店
Grand Café Orient

獨家推薦

✉ Ovocný trh 569/19, 110 00, Praha 1,2F
📞 224 224 240
🕐 週一～五09:00～22:00，週六～日10:00～22:00
➡ 地鐵B線Náměstí Republiky步行Ovocný街2分鐘
🌐 www.grandcafeorient.cz
🗺 P.61

這是布拉格第一間以立體派藝術風格裝潢的咖啡店，位於火藥塔

通往老城廣場的方向，內部裝潢典雅大方，配上蜿蜒曲折的

立體派裝置與建築特色

精緻的甜點與茶品　　　復古的掛報架

樓梯間和廳內燈飾，非常具有立體藝術的風格，外部的黑聖母雕像常常吸引人群的注意。餐廳內寬敞的小沙發座很受遊客的喜愛，不妨到此嘗試捷克的蜂蜜蛋糕，冬天時配上一杯熱呼呼的薑茶，非常溫暖。

晚餐盡享全城最美景觀
Hotel U Prince

✉ Staroměstské náměstí 460/29, 110 00, Praha 1
📞 224 213 807
➡ 地鐵A線Staroměstská或B線Náměstí Republiky往老城廣場步行約5分鐘
🌐 www.hoteluprince.com/terrace
🗺 P.61

　　想要看到老城廣場最美的天文鐘塔與提恩教堂，卻又想跳脫人擠人的喧鬧，好好享受一刻寧靜嗎？那記得前往位在一分鐘之屋

對面的Hotel U Prince頂樓的戶外餐廳，這裡提供全老城區最美的景觀，配上內部奢華高貴的座位，非常特別且用心，餐廳提供少部分捷克與義式餐點，用餐時段記得致電預約。

快速方便的捷克自助餐 獨家推薦
Havelská Koruna

✉ Havelská 21 , 110 00, Praha 1
📞 224 239 331
🕐 每日10:00～20:00
➡ 地鐵A線Můstek步行約3分鐘往哈維爾市集方向
🌐 www.havelska-koruna.com
🗺 P.61

　　誰說歐洲沒有自助餐店呢？這間位於哈維爾市集附近的捷克傳統美食自助餐店，提供多種語言的服務與非常巧妙的裝潢，讓每個人都有屬於自己的用餐空間。入內後，先索取一張空白點選單，而後依照想要選擇的餐點，廚師會在選

單上寫上你所點的餐，用完餐後再依照此選單付款，價格非常親民，適合背包客與省時的旅客。

店內用餐環境

■ 百年紀念證明老店身分

U Pinkasů

百年老店

✉ Jungmannovo náměstí 15/16, 110 00, Praha 1

📞 221 111 152

🕐 10:00～22:30

http www.upinkasu.com

➡ 地鐵A線Můstek

MAP P.61

位於瓦茨拉夫廣場Baťa鞋店的後門出口處，有一間創立於1843年的百年老店U Pinkasů酒館，提供多樣化的捷克傳統佳

第一滴皮爾森啤酒在此流出

餚，一進店面可以看到樓梯間貼著許多名人在此用餐的照片與事蹟，算是間超人氣明星餐廳。價格不貴且好吃，夏日會在教堂的歷史牆邊開放戶外座位區，非常特別，吸引許多人前往。值得一提的是在地下室有個紀念面板，說明第一滴皮爾森啤酒是在1843年的此處供應，以證明其百年老店屹立不搖的地位。

■ 總統們也來的小酒吧

U Zlatého tygra

百年老店

✉ Husova 17,110 00, Praha 1

📞 222 221 111

🕐 每日15:00～23:00

➡ 地鐵B線Národní třída往老城區方向步行約7分鐘

http www.uzlatehotygra.cz/cs

MAP P.60

這間創立於1816年的老牌啤酒店，因為捷克前總統哈維爾與美國前總統柯林頓兩人曾前往此地，體驗捷克當地啤酒館文化而知名，到目前為止還是保有古典擺設風味，提供自製的啤酒與傳統捷克菜，想要體驗古老酒吧氛圍的民眾千萬別錯過。但由於老店仍然保持原味，所以酒館內部充滿喝酒喧鬧的民眾，避開用餐時間，可以好好觀察百年前的小酒吧傳統模樣。

堪稱全歐洲最好吃義式冰淇淋
Angelato

✉ 總店Rytířská 27 Praha 1，二店Újezd 24 Praha 1，三店Bělohorská 50 Praha 6
☎ 224 235 123
🕐 各店營業時間不同，請上官網查詢
http angelato.eu
MAP P.61

位於哈維爾市集附近，這間迷你不起眼的冰淇淋店，堪稱全捷克甚至全歐洲最好吃的義式冰淇淋，每到夏天總是人滿為患，小小的店裡擠滿了旅客與當地人。口味清爽、甜而不膩，每個月都會研發各種不同的口味，其中開心果口味是最讓人難以忘懷的招牌味道，此外還有香蕉、椰子、巧克力餅乾，都受到大眾的喜愛，吃起來就像在品嘗最純正天然的水果，可以說是前往布拉格必吃美食之一。

寬敞溫馨的Ujezd二店

人滿為患的Rytířská一店

全布拉格最新鮮的巧克力？
Choco Café

獨家推薦

- ✉ Liliová 250/4, 110 00, Praha 1(總店)
- ☎ 222 222 519(總店)
- ⏰ 週一～日10:00～20:00
- http www.choco-cafe.cz
- MAP P.60

　　如果說這間巧克力店是布拉格市最新鮮，我想很難有第二家跟他們搶第一。這是一間家族經營的咖啡館，每天自製最新鮮可口的

可可和糕點，藏匿在查理大橋附近不起眼的小巷弄中，熱門時段還需要預約。其濃郁的可可蛋糕與飲品，加上現場販售特殊口味的巧克力(咖啡、海鹽、奇異果……等)都是自製且獨特，尤其好吃的蛋糕與甜點絕對值得品嘗。如果是不喜歡甜食的人，不妨現場購買可可粉當作伴手禮吧！

布拉格的素食龍頭
Lehká hlava

- ✉ Boršov 280/2, 110 00 ,Praha 1
- ☎ 222 220 665
- ⏰ 週一～五11:30～23:00，週六～日12:00～23:00
- ➡ 輕軌17號至Karlovy lázně(查理大橋旁)
- http www.lehkahlava.cz
- MAP P.60

　　這間超高人氣的素食店藏身在小巷弄中，非常的難預約。店內採用可愛活潑的設計，加上2樓獨特的星空點綴，雖然座位不多，但總是受到歐洲素食者

姊妹店Maitrea店內一隅

的喜愛，以不添加任何人工色素的最原始風味深受歡迎。不喜歡歐洲口感的民眾，可以選擇咖哩或是豆腐亞洲風味。值得一提的是，店內自製的果汁與無酒精飲品也非常獨特。此店也有姐妹店MAITREA，位在Týnská uli ka 6/1064，提恩教堂附近的小巷子中。

布拉格——老城區與猶太區　特色餐飲

Nové Město

新城區

概況導覽

總是充滿人潮的新城區,以瓦茨拉夫廣場為主,兩旁向外延伸,包圍著以充滿哥德式與巴洛克風格教堂的老城區聞名,由於交通便捷,同時也是布拉格歷史中心最大的一個區域,許多國家博物館、劇院,以及商場都在此設立店家。此處另一個著名的歷史事件為15世紀的胡斯戰爭,在布拉格新市政廳發生了第一次扔出窗外事件,成為引發胡斯戰爭的導火線。也因此區沿著河岸發展,每逢假日總吸引許多人潮前往河畔休憩。

捷克的革命精神
瓦茨拉夫廣場
Václavské náměstí

➡ 地鐵A線Mŭstek、C線Muzeum或輕軌3、9、14、24號Václavské náměstí
MAP P.65

這裡一直是捷克極具象徵意義的地方，從14世紀查理四世建立新城，在此開闢露天馬市，1918年Alois Jirásek於此地宣誓捷克斯洛伐克獨立，1969年一名學生Jan Palach自焚以抗議蘇聯入侵捷

瓦茨拉夫廣場景觀

克斯洛伐克，1989年的天鵝絨革命，數十萬民眾在此舉行示威活動直到捷克與斯洛伐克分別和平建國。長達750公尺的大道上林立了許多商業文化的生活中心，兩端分別連結地鐵A線Mŭstek通往老城區與C線Muzeum通往國家博物館，並於1912年豎立了精神領袖瓦茨拉夫與其聖徒的雕像。每年各大節慶時此處也會舉辦傳統市集與活動，吸引眾多觀光客前往參觀。預計2017下半年起廣場分批進行重新翻修。

瓦茨拉夫廣場·皇冠大樓

在夜晚閃閃發光的頭頂燈
皇冠大樓
Palác Koruna

✉ Václavské nám. 1, 110 00, Praha 1
☎ 224 219 526
➡ 地鐵A線Mŭstek或輕軌3、9、14、24號Václavské náměstí
http www.koruna-palace.cz
MAP P.64

位在步行街與瓦茨拉夫廣場轉角處的皇冠大樓，樓頂因有個可愛的皇冠造型而得名，整體以新藝術風格呈現，也有別稱叫做捷

克克朗大樓，原因是捷克第一個投幣販賣機就是在此啟用。目前內部多為商家與辦公室，建築體也與地鐵A線Mŭstek連接。

郵政總局

Hlavní Pošta

獨家推薦

- ✉ Jindřišská 14 ,110 00, Praha 1
- ☎ 954 292 102
- ⏰ 02:00～00:00
- ➡ 地鐵A線Můstek或輕軌3、9、14、24號 Václavské náměstí
- 🌐 www.ceskaposta.cz
- 🗺 P.65

捷克郵筒，境外請投遞郵筒右側

　　布拉格是個不夜城，這在歐洲其實十分難得一見。因而位於市中心的郵政總局，開放22個小時處理郵政業務，所以如果遊客有需要寄送包裹或郵件的話，真的非常方便。最特別的是這間郵政總局有個獨一無二的集郵販售窗口，所以喜歡特別郵票或是集郵迷一定不可錯過。

郵局內部非常美麗，可惜無法拍照

馬賽克拼貼的藝術

諾瓦克大樓

Novák Arcade

- ➡ 地鐵A線Můstek或輕軌3、9、14、24號 Václavské náměstí
- 🗺 P.64

　　與盧森納宮相連的是有如迷宮般複雜的諾瓦克商場，它最特別

的部分是面對Vodičkova街的外牆，以色彩豐富的馬賽克磚拼貼出新藝術風格，非常引人注目。

盧森納劇場與黑大衛創作雕像

哈維爾的新藝術設計
盧森納大樓
Lucerna Palace

➡ 地鐵A線Můstek或輕軌3、9、14、24號 Václavské náměstí
MAP P.64

位於瓦茨拉夫廣場與Vodičkova街上的盧森納,是採用新藝術風格建造而成,此複合式建築是由前總統瓦茨拉夫·哈維爾爺爺所設計,因而其家族也在此擁有部分資產。目前內部包括劇院、電影院、商家、搖滾俱樂部、餐館等。值得注意的是,在大樓內的電影院前展示了一尊雕像,是聖瓦茨拉夫騎著一匹倒反的馬,這是捷克雕塑家黑大衛(David Černý)的作品,他從來不對他的作品發表評論,反而更引來眾人的遐想。

知識充電站

認識瓦茨拉夫·哈維爾

大家是不是對瓦茨拉夫·哈維爾(Václav Havel)這個名字有點熟悉呢?沒錯!從你一進入布拉格,國際機場的名字就是以此命名。他對捷克人有著重要的貢獻與地位,他不只是位前總統,更是作家與天鵝絨革命的思想家。在蘇聯占領捷克斯洛伐克的期間,他一直主張言論與人權自由,

國家博物館前的照片

數度遭到拘捕仍不減他追求自由與人權的渴望,期間他發表了許多著作,更出版《七七憲章》、《公民自由權運動宣言》等巨作。

瓦茨拉夫·哈維爾的相關書籍

1989年,隨著蘇聯垮台,捷克斯洛伐克進行第一次民主選舉,出獄僅42天的哈維爾被選為捷克斯洛伐克總統。但天妒英才的他於2011年辭世,全國哀掉3日並在布拉格聖維特大教堂鳴放21響禮炮致敬,同時舉行國葬,在此期間捷克人民舉著國旗遊行,以悼念他卓越的貢獻。直到現在,每當天鵝絨革命紀念日時,瓦茨拉夫廣場都會懸掛他的大型照片以追悼他的偉業。

國家博物館主館

Národní muzeum

- ✉ Václavské náměstí 68, 115 79, Praha 1
- ☎ 224 497 111
- ➡ 地鐵C線Muzeum
- http www.nm.cz
- MAP P.65

雄偉聳立於瓦茨拉夫廣場終端的國家博物館主館，讓人很難忽略它的存在。雖然目前在進行整修中，但內部高雅華麗的裝飾，加上沿梯而上的紅地毯，常常讓人以為

標本展覽

是在參加國際晚宴般的優雅尊貴。內部從標本雕像到捷克歷史、地理、文化都鉅細靡遺地展出，期待下次開放時有驚人的全新面貌。

獨家推薦

國家高等科學研究院

Akademie věd České republiky

- ✉ Národní 1009/3, 110 00, Praha 1
- ☎ 221 403 208
- ⏰ 週一～五09:00～19:00
- ➡ 輕軌9、18、22號Národní divadlo
- http www.lib.cas.cz/
- MAP P.64

館內藏書與閱覽室

在國家劇院正前方的建築物，就是國家高等科學研究院，最早可追溯到17世紀，早先是捷克皇家科學院，而目前則開放科學院內的小型圖書館給一般民眾借閱相關書籍，部分時間也進行展覽文化科學相關活動。雖然這個小型圖書

入口處

館不大，但非常的優雅古典，尤其在入口處的2隻捷克國徽的獅子，更顯得高等科學院的權高地位，有興趣的民眾可以前往觀看。

Nové Město

飄著咖啡香氣息的街道
國家大道
Národní třída

➡ 地鐵B線Národní třída
🗺 P.64

這條連接瓦茨拉夫廣場與國家劇院的大道上商家林立,且通往河邊可以觀賞布拉格美景,此街中除了有國家劇院、高等科學院、教堂外,布拉格兩大著名的Slavia和羅浮咖啡館均在此條街上。1939年11月17日(國際學生日),納粹入侵捷克,布拉格多家大學生和教師在國家大道遊行示威,鎮壓過程中,殺害了2位教授和9名學生。而後在1989年11月17日,捷克學生組織號召表達對共產專政的不滿等活動,而促成此日為捷克斯洛伐克天鵝絨革命自由紀念日,至今國家大道每年此日都會封街遊行,紀念自由和民主紀念日。

布拉格絢麗的音樂百寶盒
國家劇院主館
Národní divadlo

✉ Národní 2, 110 00, Praha 1
📞 224 901 448
➡ 搭乘輕軌9、18、17、22號至Národní divadlo
🌐 www.narodni-divadlo.cz/en
🗺 P.64

劇院內部

坐落於伏爾塔瓦河(Vltava)河畔,是新城區的代表性建築,在夜間還會打上美麗的燈光,吸引許多人注目。從國家劇院所在的河岸,可遠眺布拉格城堡區與查理大橋,吸引許多觀光客在此留下美麗的回憶。可惜的是鮮少有人進去內部觀看國家劇院,其內部高貴華麗,讓人為之驚豔,尤其親民的票價。

此地原為建築師Josef Zítek之作,但1881年開幕後幾個星期便被燒毀,但幸運的是於2年後由Josef Schulz重修完成。在此曾演出許多知名的歌劇、芭蕾如莎士比亞、柴可夫斯基、喬治·比才等傳統作品加上現代元素一一重現舞台。前往劇院需穿著正式服裝。

旅行小抄

撿便宜票的小祕方

如果到了布拉格想聽個歌劇,又不想花大錢的話,強烈建議你來到國家劇院主館,不僅內部富麗高雅且票價非常親民,如果開幕前1~3天票還未售完,就會將部分席次降價,由於近年來旅客眾多,強烈建議提前預約購票。還有國家劇院的座位都經過設計,彼此之間以穿插方式交疊,所以聽眾們不會相互擋住或干擾,通常開演前30分鐘開放進場。國家劇院的廣場也是每季布拉格創意市集的展覽地與文藝開放地,成為年輕人聊天聚集的地方。

獨家推薦

布拉格的迷你水立方

國家劇院之新舞臺

Nová scéna Národního divadla

- ✉ Národní 4, 110 00, Praha 1
- ☎ 224 901 448
- 🕐 平時不對外開放，只有買票看戲時可進入
- ➡ 輕軌9、18、22、17號至Národní divadlo
- 🌐 www.narodni-divadlo.cz/en/new-stage
- 🗺 P.64

位於主館旁，建於1983年，是個以4千多個吹製的透明玻璃組成的方塊現代建築，在此展出特定的舞台劇、戲劇，甚至多媒體表演，吸引許多除了傳統歌劇外想嘗鮮的民眾。此處的中庭常常展出許多文化活動，春夏秋的創意市集也多半在此舉行。

新舞台外觀

國家劇院與新舞台

歐洲最美歌劇院之一

國家劇院之歌劇院

Státní opera

- ✉ Wilsonova 4, 110 00, Praha 1
- ☎ 224 901 448
- ➡ 地鐵C線Muzeum或Hlavní nádraží步行前往
- 🌐 www.narodni-divadlo.cz/en/state-opera
- 🗺 P.65

位於國家博物館與中央車站之間的國家歌劇院，外表雖不起眼，但內部精美的金色雕飾配上洛可可風格裝潢，與國家劇院主館的富麗堂皇不相上下，更被號稱歐洲最美麗的歌劇院之一。建於1888年，原為布拉格德文舞臺，專門演出華格納(Wagner)作品之用，直到2012年才被規畫成國家劇院的分館。

註：經過多年整修，已於2020年2月重新開放。

外觀

內部

Nové Město

引爆胡斯戰爭的開端

布拉格新市政廳

Novoměstská radnice Praha

- ✉ Karlovo náměstí 1/23, 128 00, Praha 2
- ☎ 224 948 229
- 🕐 週二～日10:00～18:00
- 💲 請上官網查詢
- ➡ 地鐵B線Karlovo Náměstí步行約3分鐘
- http www.nrpraha.cz
- MAP P.64

　　建立於14世紀的哥德式塔樓，於16世紀改為文藝復興式建築，包括有禮拜堂與塔樓，內部則是哥德式的大廳。其中最著名的歷史——布拉格第一次丟窗事件，引發了胡斯戰爭。1419年7月30日因為長期的宗教抗爭運動，連原本支持胡斯派的瓦茨拉夫國王，也因為擔心王權不穩而轉向壓制逮捕胡斯派，此日胡斯派在Jan Želivský的帶領下到新城區的新市政廳下示威，但是卻遭到官員下令向示威民眾丟擲石塊，而遭氣憤的民眾衝破新市政廳，將7位官員從窗口丟出，成為第一次布拉格丟窗事件，引發胡斯戰爭。

新市政廳內部

建築外觀

車水馬龍的旅行者聚集地

布拉格中央火車站

Praha hlavní nádraží

- ✉ Wilsonova 300/8, 110 00, Praha 1
- ➡ 地鐵C線Hlavní Nádraží或輕軌9,5號至Hlavní Nádraží
- http www.cd.cz
- MAP P.65

　　中央車站是捷克最大的車站，也是通往其他城市與跨國的主要車站，每日都充滿著旅行的人們。於1871年建構而成，經過多次整修後，室內寬廣新穎明亮，商家林立，像是個小型購物商場。前往月台前別忘了抬頭看看有個以新藝術風格裝飾得華麗且精細雕刻的圓拱穹頂天花板，是在2013年重新修繕而成。目前中央車站仍持續在做外部的整修，但不影響內部營運與搭乘火車。

整修過後的平面樓層與上層圓拱穹頂

中央車站內景觀

粉紅沙龍的糖果屋

耶路撒冷猶太會堂

獨家推薦

Jeruzalémská Synagoga

✉ Jeruzalémská 1310/7, 110 00, Praha 1
☎ 224 800 812-13
🕐 4~10月11:00~17:00；週六與猶太假期公休
💲 請上官網查詢
➡ 輕軌3、5、9號至Jindřišská步行2分鐘即可
🌐 www.synagogue.cz/Jerusalem
🗺 P.65

這間教堂雖不在猶太區內，但靠近中央車站，外觀充滿各種顏色就像糖果屋般可愛。整體建築架構罕見地結合新藝術風格與摩爾復興風格，內部多為金碧輝煌的維也納新藝術風格裝飾畫作。從2008年後開放給遊客參觀，內部與在猶太區的西班牙會堂有相似風格。

讓女人荷包大失血的血拼處

護城河街（步行街）

Na příkopě

✉ Na příkopě ,110 00,Praha1
🗺 P.64

這條街是布拉格遊客最多的街道之一，起始於瓦茨拉夫廣場方向，通往火藥塔、市民會館。兩旁各大商場林立，也吸引許多遊客前往，於1985年已規畫為人行道專用區。由於兩旁的商家都是坐落在歷史建築內，經過重新裝潢整修，所以常常走入店家時會有意想不到的驚喜。可以嘗試位於8號的Mango服飾或是Benetton。

街景

旅行小抄

高密度的購物天堂

布拉格的購物地點眾多，曾有統計以人口和百貨密集度，布拉格在歐洲可說是數一數二的高。想要購買精品的民眾需要前往巴黎街。Mango、Zara等平價品牌可以在市中心護城河或是瓦茨拉夫廣場兩旁商場找到。幾個大型購物商場相近的地鐵站有A線Flora；B線Náměstí Republiky、Černý Most、Českomoravská、Národní třída、Anděl；C線Pankrác、Chodov。捷克每年有2個大打折季節，分別是冬天的聖誕節，開始是8折一路降到1月底的對折或是更低；夏天則是從7月份到8月底，除此之外復活節也會有少部分的折扣。

貼近新藝術大師

慕夏博物館

Muchovo Muzeum Praha

- ✉ Kaunický Palác, Panská 7, 110 00, Praha 1
- ☎ 224 216 415
- ⏰ 10:00～18:00
- 💲 全票300克朗、半票200克朗、家庭票750克朗
- 🚌 輕軌3、9、14號至Jindřišská或地鐵B線Náměstí Republiky往出口Náměstí Republiky
- 🌐 www.mucha.cz
- 🗺 P.64

如果說巴塞隆納之於高第(Antoni Gaudí i Cornet)，那布拉格就是慕夏(Alfons Maria Mucha)之最。雖然慕夏大師在世時，人生最顛峰的作品多是在巴黎時期所發表，但在紐約與布拉格時代，仍展現他不同的繪畫風格與表現。

在這裡展出了慕夏大師生平的工作內容、手稿與其新藝術海報創作，喜歡他廣告插畫風格的遊客可前往。但可惜的是此處空間不大，且並非國家組織，所以只能堪稱展覽館並非博物館等級。如果想要親眼見識慕夏大師的新藝術裝飾，可以前往市民會館或是聖維特大教堂。

知識充電站

慕夏的生涯最高傑作

慕夏的裝置藝術作品與廣告插畫遍及美國、巴黎、捷克，所謂的新藝術風格就是由他開啟，又被人們稱為新藝術大師。他的畫作非常細膩、鮮明，擅於繪製女性柔順帶有飄逸感的長袍，且添加人物、花飾風格，結合古典藝術創造出獨樹一格的設計，因而深受廣告界的喜愛。但他個人內心追求更尊貴與崇高的理想，所以他花了將近20年的時間與精力創造出與他原有廣告風格截然不同的創世巨作——《斯拉夫史詩》(Slovanská epopej)，這幅畫約為1到2層樓高，運用特別的光影畫風從不同的角度賞析都有不同的感覺。最後他決定捐獻給他的母國，來作為他人生中最驕傲且絢爛的光輝。

富麗堂皇的音樂殿堂
市民會館
Obecní dům

✉ Náměstí Republiky 5, Praha

🕐 餐廳、導覽、音樂會的營業時間皆不同,請上官網查詢

💲 入內參觀必須參加導覽,成人290克朗,學生240克朗,家庭票500克朗 (最多2大人3孩童),兒童10歲以下免費

➡ 地鐵B線Náměstí Republiky,往出口Náměstí Republiky或Obecní dům

🌐 www.obecnidum.cz

🗺 P.65

外觀與火藥塔相接

市民會館是布拉格著名的音樂廳和地標建築,坐落在老城與新城之間的共和國廣場(Náměstí Republiky),是過去皇室國王加冕的遊行起始點。內部金碧輝煌、奢華典雅,充滿著新藝術風格,並兼具歷史意義,但於19世紀末被拆毀。1905〜1912年間交由建築師奧斯瓦爾德(Osvald Polívka)和安東尼・巴爾沙內克(Antonín Balšánek)攜手完成,並由數十位頂尖藝術家為其裝潢,其中又以最知名的新裝飾藝術大師慕夏擔綱內部裝設。

史邁坦納廳(Smetana Hall)為整

入口處

慕夏的畫作

布拉格之春音樂會慶典

史邁坦納音樂廳

個建築的中心，每年布拉格之春音樂季開幕典禮都在此舉行，平時作為音樂會廳使用。

市民會館入口上方覆蓋著巴洛克式的玻璃圓頂帷幕，並妝點著鍍金神話預言人物雕刻，馬賽克畫《向布拉格致意》為史畢勒(Karel Spillar)的作品。一進入市民會館的樓梯上方，就會看到眼前的彩色玻璃窗以紅、藍、白的緞帶圍繞著愛心型的葉子裝飾，這是以捷克國樹配上捷克國旗顏色所做的巧思設計。

市民會館並非博物館，而是開放給大眾使用，所以如果有興趣想要租借場地，也可以透過申請借用。來到市民會館請不要錯過其中的法國餐廳，裡面的行政主廚Jan Horký可是捷克知名人物之一，曾為美國總統歐巴馬與西班牙公主料理佳肴，但入內需穿著正式服裝。如想嘗試捷克料理的人，也可以前往地下室的皮爾森餐廳。

展覽宴客廳與其房間

欣賞芭蕾舞的殿堂
海伯麗娜劇院
Divadlo Hybernia

- ✉ Nám. Republiky 4 ,110 00, Praha 1
- ☎ 221 419 412
- ⓒ 請上官網查詢
- ➡ 地鐵B線Náměstí Republiky往出口Náměstí Republiky
- http www.hybernia.eu
- MAP P.65

海伯麗娜劇院門口

位於市民會館對面,此地每天都上演不同的芭蕾舞劇或歌劇,吸引許多遊客參觀。17世紀時原為哥德式教堂,後來重建後改為巴洛克風格的修道院,但因遭到破壞而再次重建。此處展覽過許多文化與專題活動,直到2006年才改為劇院,開放民眾欣賞戲劇,此處也是拍攝市民會館與火藥塔的好地方。

獨家推薦

獨一無二的布拉格縮影
布拉格市立博物館
Muzeum hlavního města Prahy

- ✉ Na Poříčí 52, 186 00, Praha 8
- ☎ 221 709 674
- ⓒ 目前重新整修中,預計2024年重新開放
- 💲 全票150克朗,半票60克朗,家庭票200克朗
- ➡ 地鐵C線Florenc步行2分鐘
- http www.muzeumprahy.cz
- MAP P.65

內部

位於中央巴士站、地鐵Florenc旁的市立博物館,成立超過130年,但並不是國家博物館。建築本

真跡

外觀

身是文藝復興時期風格,進入博物館時,首先映入眼簾的是挑高的屋頂加上漂亮的水晶燈吊飾,踩在紅地毯上感覺像是走進了五星級酒店。在此展出許多與布拉格相關的歷史與收藏,最特別的展出是全世界獨一無二、由Antonín Langweil以紙製作、比例為1:480的布拉格歷史中心模型,目前館方也以3D眼鏡方式讓民眾有如身入其境般仔細觀看Langweil眼中的布拉格舊時巷弄。此外天文鐘上的日曆真跡也在此展出。

Nové Město

伏爾塔瓦河(Vltava)

➡ 可沿地鐵Staroměstská走到地鐵Karlovo náměstí
(Palackého náměstí出口)河岸
MAP P.64

布拉格除了各個景點之外,美麗的伏爾塔瓦河環繞著整個城市,加上多座橫跨兩岸的橋樑,造就出美麗動人的景致。從國家劇院為起點到高堡

Botel船屋酒店

區的河畔,在春夏秋季總是吸引許多捷克人帶著孩子或寵物沿著河畔散步、踩天鵝船遊湖畔、前往跳舞房子旁的河堤邊餵鴨子,或是參加週末的河畔傳統市集,偶爾也會上船屋在露天的甲板上喝杯沁涼的啤酒,這都是捷克人享受生活的方式與態度,如果想要住在船屋裡,也可以試試看預訂Botel,別忘記愜意地體驗一下吧!

沿河美景

活潑跳動之屋
跳舞的房子
Tančící dům

✉ Jiráskovo náměstí 1981/6, 120 00, Praha 2
➡ 輕軌3、17號至Jiráskovo náměstí
http www.tadu.cz
MAP P.64

建於1996年的現代前衛建築,由捷克籍的Vlado Milunić與加拿大籍的Frank Gehry共同合作,又稱為Fred and Ginger。此設計是以一對跳舞的舞者Fred and Ginger為架構,做出外觀像是一個男士抱著女舞者著腰間跳舞的姿勢。

目前此建築內部可租用作為辦公室與展覽,頂樓天台部分是一間法式餐廳Celeste Restaurant和酒吧Glass Bar。每天晚上會打上燈光讓人從河邊看來目光為之一亮。在燈光節的時候更會打出不同顏色的光芒,非常絢麗。

從河面看跳舞房子

燈光節特別打出不同光色

有溜滑梯和旋轉木馬的玩具店

Hamleys
Hamleys

獨家推薦

✉ Na Příkopě 854/14, 110 00, Praha 1
📞 734 447 652
🕐 週二~六10:00~21:00，週日12:00~18:00，
週一與國定假日11:00~21:00
➡ 地鐵A線Můstek或B線Náměstí Republiky
🌐 www.hamleys.com/czech_republic
🗺 P.64

店內旋轉木馬等遊樂設備

捷克最大、歐洲第二大的英國連鎖玩具店Hamleys，在布拉格開設此間占地6千平方米、共3層樓的玩具店。和一般玩具店相比，這裡更像是一間迷你遊樂園。

門口每日都有不同的卡通大人偶，熱情招攬顧客，而最令人印象深刻的，是高達一層樓的夢幻旋轉木馬，在1~2樓間還有個像蛇造型的溜滑梯，讓客人可以從上溜到下，非常吸睛。

熱情逗趣的店員與相關趣味活動，吸引無數大小朋友的光顧，各大玩具品牌都會在此銷售與展覽，底層也有哈哈鏡迷宮，如果攜帶孩童旅行的家長可以前往，讓布拉格成為孩子們的童話王國。

學周董拍浪漫婚紗

射手島
Střelecký Ostrov

✉ Střelecký ostrov, 110 00, Praha 1
🕐 4~10月06:00~23:00，11~3月06:00~
20:00
➡ 輕軌9、22、17、18號停靠Národní divadlo(國家劇院站)
🗺 P.59

射手島看國家劇院

周杰倫的浪漫婚紗照羨煞許多人，其中有許多場景取自布拉格，其中一張以查理大橋為背景的婚紗照，就是在這座島上拍的。近幾年布拉格市政府細心規畫，雖然此處只是個2.5公頃的迷你小島，但島上提供多種兒童遊戲設備、迷你沙灘、餐廳。除此之外，每年春夏季更有一連串的週末美食，或是舞台活動，是在地人喜愛的休憩與野餐的小場地。

射手島看查理大橋

購物指南

平價高雅的消費品味
Na příkopě街
(步行街)

MAP P.64

如果說老城區購物區是巴黎街，那新城區就是以護城河(Na příkopě)街作為代表。此街道上林立許多大小國民品牌，像是位於4號的Benetton、8號的Mango、15號的Zara旗艦店、16號的Lacoste，19～21號的H&M等，部分店家仍然維持建築內部的高雅風格，不僅是購物，更滿足視覺的享受。

街景

服飾內部裝潢

璀璨閃耀的尊貴美感
摩瑟水晶玻璃

✉ Na příkopě 12,Praha 1
☎ 224 211 293
🕐 每日10:00～19:00
🚇 地鐵A線Můstek或B線Náměstí Republiky
🌐 www.moser-glass.com
MAP P.64

頂級奢華的水晶玻璃品牌摩瑟(Moser)在捷克的第一間店，開店後一直延續至今，內部保有木製的天花板與彩色玻璃窗，非常奢華高貴。店內也提供海外寄送服務，給不便攜帶的客人另外一種選擇。此品牌的玻璃不添加矽的成分，以自然的七彩透亮光澤，配上專業的手工製作雕刻，每一個杯子都是獨一無二的尊貴。

內部

外觀

耐穿好走的本地鞋品
Baťa鞋

✉ Václavské nám. 6, 110 00, Praha 1
☎ 221 088 478
🕐 每日10:00～21:00
➡ 地鐵A線Můstek
http www.bata.cz
MAP P.64

　　捷克品牌之一的Baťa鞋，其戶外與防滑系列，以及女用的雪靴深受大眾歡迎，大部分為捷克本地或義大利工廠製作，價格卻不貴。

門口

店面內部

位於瓦茨拉夫廣場的旗艦店高達3層樓，並且也販售相關合作品牌商品，如果受不了布拉格硬底的石板路，不妨前往買一雙耐穿的鞋子吧！

有設計感的文具雜貨
ePipí

獨家推薦

✉ Školská 1384/34, 110 00 Nové Město
☎ 602 628 003
🕐 週一～四09:30~18:30，週五09:30~15:00
➡ 輕軌 3、9、14、24號停靠Vodi kova
http www.epipi.cz
MAP P.64

　　捷克製造的新穎文具生活品牌，所有圖案皆為老闆親自設計手繪再印製，以動物植物與花卉圖案作為整體設計的主線，導入

吸睛的櫥窗

產品中加上豐富的色彩，跳脫傳統單一黑白設計，深受捷克人喜愛。如果想撿便宜的消費者，可以時不時確認官網有些瑕疵品折扣售出。

可愛又溫馨的店內場景

全捷克最大旗艦書店
大型書店
Palác knih Luxor

✉ Václavské náměstí 41,110 00, Praha 1
☎ 296 110 368
🕐 週一〜五08:00〜20:00，週末21:00〜20:00
➡ 地鐵A線Můstek或輕軌3、9、14、24號至
　 Václavské náměstí
🌐 neoluxor.cz/pobocky/praha/palac-knih-luxor
🗺 P.65

　　全捷克最大的書店旗艦店就位
在瓦茨拉夫廣場上，裡面販售許多
書籍與文具，對於遊客而言，可以
在此看到許多布拉格相關書籍與月
曆，並選購便宜且多樣的明信片。

讓人瘋狂的購物殿堂
Palladium

✉ Náměstí Republiky 1, 110 00, Praha 1
☎ 225 770 250
🕐 週日〜三09:00〜21:00，週四〜六09:00〜
　 22:00
➡ 地鐵B線Náměstí Republiky
🌐 www.palladiumpraha.cz
🗺 P.65

　　位於市中心，總共擁有上下5
層樓，是個擁有約200間店家的
大型購物商場暨餐館，與地鐵站
Náměstí Republiky連接，在此你可
以選購多數歐洲品牌，是個十足
讓女人發失心瘋的購物殿堂。

親民採買路線的百貨商場
My Národní
TESCO

✉ Národní 63/26, 113 89, Praha 1
☎ 272 087 111
🕐 目前重新整修中，預計2024年重新開幕
➡ 地鐵B線Národní třída
🌐 www.itesco.cz/cs
🗺 P.64

　　大型超市Tesco集團的賣場，除
了Tesco超市之外，也販售許多衣
服鞋類品牌，最頂層是兒童衣物
與廚具賣場，品牌雖不多，但不
定時會有折購季，是市中心百貨
公司中價格走親民路線的地方。

擁有卡夫卡創意雕塑的商場
Quadrio

✉ Vladislavova 1390/17,Praha 1
🕐 週一〜六08:00〜21:00，週日09:00〜21:00
➡ 地鐵B線Národní třída
🌐 www.quadrio.cz
🗺 P.64

　　辦公室與商場結合的新穎百貨
商場，挑高明亮的設計讓人雙眼為
之一亮。就位於Tesco My隔壁，與
地鐵Národní třída連接非常方便。
在此購物中心後方有個以卡夫卡為
造型製作的大型創意雕塑品，非常
吸睛，每隔幾分鐘就會旋轉一次。

特色餐飲

連捷克總統都愛的百年糕點店

Myšák

獨家推薦

✉ Vodičkova 31, Nové Město, 110 00 Praha
☎ 730 589 249
🕐 週一～五08:00～19:00，週六、日09:00～19:00
➡ 輕軌3、9、14、24號停靠Václavské Náměstí
http www.mysak.ambi.cz
MAP P.64

透明誘人的糕點吧台

　　創立於1911年的百年知名糕點店，深受捷克第一任總統Tomáš Garrigue Masaryk的喜愛，甚至訂製其專屬80歲生日蛋糕。店內第一樓層保有其傳統擺設與裝飾，二樓改為現代風格且增加自家品牌販售區域。由於經兩代傳承後後繼無人接手，於2017年由知名餐飲集團Ambiente經營，但依照原本的食譜結合傳統捷克甜點與其他歐式甜點，深受捷克人與觀光客喜愛。其冰淇淋聖代也是延續傳統是夏季消暑聖品。用餐時刻建議訂位，店內桌數有限。

正宗泰式料理

藍牙
Modrý Zub

獨家推薦

✉ Jindřišská 5, 110 00, Praha 1
☎ 222 212 622
🕐 週一～五11:00～23:00，週六12:00～23:00，週日12:00～22:00
➡ 輕軌3、9、14、24號停靠Václavské Náměstí
http www.modryzub.com/
MAP P.65

　　在進門前猜猜看，這是什麼餐廳？是Lounge？是捷克菜？還是運動酒吧？通通不是！可以想像嗎？

這個有現代裝潢加上開放式的調酒吧檯，一時之間總讓人錯覺是歐系酒吧或是餐廳，其實他是亞洲餐廳喔！想來碗熱呼呼的越南河粉湯，或是正宗的泰式料理，都可以在此品嘗到由泰籍廚師親自掌廚的料理，其中特色賣點為多種樣式的麵類與酸辣的泰式料理。由於營業時間長，如果傍晚時想在市中心吃點亞洲菜又想靜下喝杯酒的人，這會是個不錯的選擇。

Nové Město

巴西窯烤吃到飽
Ambiente Brasileiro

✉ 總店Na Příkopě 22 Praha 1，二店U Radnice 13/8, Praha 1
☎ 224 234 474
🕐 週一～五12:00～23:00，週六、日11:30～23:00
➡ 地鐵B線Náměstí Republiky
http brasileiro-slovanskydum.ambi.cz/en
MAP P.64

　　如同臺灣的王品集團，捷克最大的美食集團之一Ambiente旗下的這間巴西窯烤餐廳，用餐時間總是供不應求，之後還多開了一間來紓解人潮。這間吃到飽的巴西窯烤美食，使用現烤多汁的各種肉類，加上非常快速的上餐服務，吸引許多人前往。此外還有琳瑯滿目的新鮮沙拉吧，非常的適合想要大啖美食的民眾。

率先歡迎女性顧客蒞臨
羅浮咖啡館
Café Louvre

百年老店

✉ Národní 22, 110 00, Praha 1
☎ 224 930 949
🕐 週一～五08:00～23:30，週六～日09:00～23:00
➡ 地鐵B線至Národní třída步行3分鐘
http www.cafelouvre.cz
MAP P.64

　　捷克三大百年咖啡館之一的羅浮咖啡館，因座上嘉賓有愛因斯坦、卡夫卡而知名。內部玫瑰色與純白相間的典雅裝潢，加上寬敞明亮的用餐環境與快速服務，高貴不貴的價格，吸引許多遊客前往。此處也擁有許多歷史回憶，包括20世紀剛展開的女權主義，此處也敞開大門歡迎上流社會的女性造訪；而後蘇聯統治時期，因為害怕中產階級的集中反抗，被迫停止營業，直到1992年才重啟開業。

內部裝設

入口處與販售紀念品

見證蘇聯入侵的重要時刻
斯拉維亞咖啡
Kavárna Slavia

`百年老店`

- ✉ Smetanovo nábřeží 1012/2, Praha 1
- ☎ 224 218 493
- 🕐 週一～六09:00～00:00,週日09:00～22:00
- ➡ 輕軌9、17、18、22、23號至Národní divadlo
- 🌐 www.cafeslavia.cz
- 🗺 P.64

名列捷克三大百年咖啡館之一的Slavia,創立於1881年,擁有絕佳的轉角位置與明亮大窗,這扇窗除了讓客人能欣賞到絕佳的風景外,也見證了1960年蘇聯坦克車開入布拉格的情況。如今悲慘過往不再,取而代之的是美麗的河景配上布拉格城堡與繁華喧鬧的街道。值

從咖啡館外可看到的風景

得一提的是,此餐廳晚間7點會有鋼琴演奏表演,想要聆聽美妙琴音的人可前往用餐。價格合理不貴,店內也提供酒精類的咖啡,想嘗鮮的人可以試試看。

每天現做新鮮糕點
Café Savoy

`百年老店`

- ✉ Vítězná 124/5, 150 00, Praha 5
- ☎ 731 136 144
- 🕐 週一～五08:00～22:00,週末09:00～22:00
- ➡ 輕軌22、9、23號至Újezd步行3分鐘
- 🌐 cafesavoy.ambi.cz/cz
- 🗺 P.64

捷克三大百年咖啡館之一的Savoy,也是隸屬於美食集團Ambiente旗下。其挑高奢華又精緻的天花板與水晶吊燈,是讓人注目的亮點之一。其糕點麵包每天都是由當場新鮮現做的開放大廚房與

早餐與茶點

店內總是充滿人潮

店面外觀

烘焙坊製作,讓人吃得很安心,整牆的酒瓶擺設顯得高貴典雅,再加上上菜速度與優良服務態度,每天早上都吸引大批民眾前往品嘗。

尊榮典雅的馬賽克裝飾

百年老店

帝國酒店咖啡廳
Café Imperial - Art Deco Imperial Hotel Prague

- ✉ Na porici 15, 110 00, Praha 1
- ☎ 246 011 440
- ⏰ 每日07:00～23:00
- ➡ 地鐵B線Náměstí Republiky 或輕軌3、8、14號至Bílá labuť
- 🌐 www.cafeimperial.cz
- 🗺 P.65

始建於1914年的百年酒店，裝潢可分為3種風格：裝飾、立體與新藝術風格，並在2005年經過重新整修，也是捷克國家文化紀念處

酒店外觀

之一，捷克第一任總統馬薩利克（Tomáš Garrigue Masaryk）與卡夫卡都曾是座上貴賓。

最受矚目的是酒店附設的咖啡館，牆面與天花板全採用新藝術風格的馬賽克磁磚拼貼而成，華麗高貴。其行政主廚是捷克知名的Zdeněk Pohlreich，推薦品嘗此處的雞湯，價格並沒有想像中貴，喜歡的人可以來此一試。帝國酒店內部的咖啡館在2014年剛歡度100周年慶，可說是布拉格人氣最高的餐廳，並曾被評選為歐洲十大美麗咖啡館之一，許多知名歌手都曾在此拍攝MV。由於非常受大眾歡迎，如果用餐時間沒有預約幾乎是無法進入，強烈建議大家事先預約。

店內獨特的馬賽克拼貼

用小火車載送餐點到桌

獨家推薦

Výtopna

- ✉ Václavské náměstí 802/56 2F, Praha 1
- ☎ 775 444 554
- ⏰ 每日11:00～00:00
- ➡ 地鐵C線Muzeum或輕軌3、9、14、24號至Václavské náměstí
- 🌐 www.vytopna.cz
- 🗺 P.65

這家位於瓦茨拉夫廣場2樓的店家，經過的遊客常常都會看到服務生站在門前，脖子上掛著長型的火車模型載著啤酒瓶。這間裝潢頗具創意的火車餐廳，以非常可愛的火車鐵軌排滿整間店家與桌面，凡客

人點購的飲品，都會以迷你小火車送進餐桌上的軌道，不假他人之手。唯獨餐點稍貴，比較建議想喝啤酒的人前往。

餐廳樓下招攬客人的方式

以火車鐵軌運送飲品

▌傳承500年的博物館酒店
U Fleků

✉ Křemencova 11, Praha 1
📞 224 934 019
🕐 每日10:00～23:00
➡ 輕軌3號至Myslíkova步行3分鐘
http en.ufleku.cz
MAP P.64

　　這間擁有500多年歷史的捷克酒吧餐廳,創立於1499年,其特製啤酒至今依然延續流傳,提供傳統的捷克餐點。內部非常美麗,有如一個迷你小宮殿,目前也開放部分區域當作博物館供顧客參觀。但由於觀光客旅行團居多,所以一位難求,比較建議大家如果真的想要一探究竟,週末餐館有特別提供傳統捷克表演。

店內特製啤酒與蜂蜜酒

門口外復古的時鐘　用餐環境　　　　　傳統遞餐方式

▌品味500年傳承的釀酒歷程
U Medvídků

✉ Na Perštýně 345/7, 110 00, Praha 1
📞 224 211 916
🕐 週日～四11:30～22:00,週五、六11:30～23:00
➡ 地鐵B線Národní třída步行3分鐘
http www.umedvidku.cz/index.php/en
MAP P.64

　　創始於1466年的另外一間超過500年歷史的捷克酒吧餐廳,位在地鐵站Národní třída不遠處,其自釀的啤酒也提供販售。寬敞的用餐環境可以容納百人,除了提供捷克傳統餐點外也提供其他料理。店內更展示此店家歷史與啤酒釀造過程,並附設Hotel供應住宿。

▌親民而雅緻的歷史酒吧餐廳
U Vejvodů

✉ Jilská 4, 110 00, Praha 1
📞 224 219 999
🕐 週一～～四10:00～03:00,週五～六10:00～04:00,週日10:00～02:00
➡ 地鐵B線Národní třída步行3分鐘
http www.restaceuvejvodu.cz/?page=home&lang=EN
MAP P.64

　　可回溯到1403年的另一間個超過500年歷史的捷克酒吧,外牆擁有非常特殊的石堆拱門,與內部的戶外用餐環境。其餐廳建立於1637年,提供多種捷克料理,親民的價格與漂亮的吧台,非常受到旅客的喜愛。

特殊的入口

Nové Město

以歡樂音樂表演吸引遊客
市民會館啤酒餐廳
Pivnice obecní dům

✉ Náměstí Republiky 5, 110 00, Praha 1
☎ 222 002 780
🕐 每日11:30～23:00
➡ 地鐵B線Náměstí Republiky
🌐 pivniceod.cz
🗺 P.65

寬大的座位席

餐廳內演奏傳統歌謠　店內提供傳統酒精飲品Becherovka

　　位於市民會館地下室的皮爾森餐館，由於採用新藝術風格，加上寬敞的用餐環境和簡單明瞭的菜單，價格不貴，受到許多旅行團與遊客的喜愛，加上週五、六晚間19:00起的手風琴的捷克民俗音樂演唱，時時刻刻充滿歡樂的氛圍。

在此可以嘗試捷克當地的烤鴨，但需注意如果用餐時間人多，上餐時間需要耐心等待！

多樣時尚口味的連鎖品牌酒店
Potrefená Husa

✉ Dlážděná 7, Praha
☎ 224 243 631
🕐 週日～一11:00～23:00，週二～四11:00～00:00，週五～六11:00～01:00
➡ 地鐵B線Náměstí Republiky往Masarykovo nádraží
🌐 www.potrefena-husa.eu/cz
🗺 P.65

　　喜歡布拉格啤酒Staropramen，那絕對不要錯過這間連鎖的品牌酒店，其特色是有眾多口味的啤酒，不僅餐點好吃且裝潢非常現代化有時尚感，吸引許多捷克當地年輕民眾的喜愛，隨處都可以看到此間連鎖店。

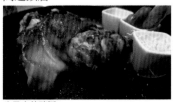
分量大的豬腳

全城最新鮮製作的沙拉麵包
Zlatý kříž

獨家推薦

✉ Jungmannovo náměstí 751/19, 110 00, Praha 1
☎ 222 519 451
🕐 週一～五07:00～18:30，週六10:00～16:00
➡ 地鐵B線Můstek出口Jungmannovo náměstí
🌐 www.lahudkyzlatykriz.cz
🗺 P.64

　　想當個偽捷克人嗎？那你一定要嘗試看看沙拉麵包，這是捷克人不管是早餐、野餐，或是旅遊的搭配點心。小小的麵包上面放著多樣化的沙拉，尤其火腿蛋沙拉麵包是捷克人最喜愛的口味之一。這間號稱全城市最新鮮製作的沙拉麵包，記得來嘗嘗看呦！

Vyšehrad

高堡區

布拉格的靈魂

始建於10世紀的高堡區，如果說它是波西米亞的發源地可說一點也不為過。這裡不只是象徵捷克的精神與來源地，更是緬懷老祖先守護捷克子民的地區，許多歷史的傳說與見證在此處都一覽無遺，其中Libuš公主與Přemysl的傳說最讓人津津樂道。此處最一開始是Přemysl王朝的城堡，一直到12世紀慢慢沒落，到了15世紀因為胡斯戰爭遭受嚴重的摧毀。到了查理四世開始發展現在的布拉格城堡後，此區於是漸漸被取代。平時遊客不多，但卻是捷克人週末假日戶外散心的好地方。

✉ V pevnosti 159/5b, 128 00, Praha 2　　📞 241 410 348
➡ 地鐵C線Vyšehrad　　http www.praha-vysehrad.cz
MAP P.62

熱門景點

認識高堡區的歷史
紅磚之門
Cihelná brána

MAP P.62

　　高大的紅磚之門就是參加導覽的購票處，導覽時間約1小時，購票後在原地等待，會開始介紹布拉格與高堡區的歷史淵源，並搭配布拉格的立體模型加上燈光投射。此地於2014年才重新裝修完成。之後會帶著遊客前往砲台與雕像，但需注意內部由於不透光所以溫度較低，記得攜帶保暖衣物。

教士、惡魔與神的賭注
惡魔之石
Čertův sloup

獨家推薦

MAP P.62

　　在墓園後方的小綠地上，有個堆成三角狀的石柱群，相傳教會的傳教士跟一個叫Zardan的惡魔打賭，惡魔可以在牧師做完彌撒之前，從羅馬教堂搬石柱到高堡區，後來因為在聖彼得的協助之下，惡魔無法順利將石柱搬來，一氣之下就將石柱丟在此地。

布拉格歷史最悠久的教堂
聖馬丁圓型小教堂
Rotunda sv. Martina

MAP P.62

　　高堡區內最古老的建築物，也是布拉格最悠久的教堂，就是這座聖馬丁圓形教堂。建於11世紀，是為了Vratislav二世所建造，到了18世紀被當作火藥庫使用，但由於歷史悠久，所以大門與內部的壁畫都是19世紀後整修完成。由於開放時間較短，所以前往之前建議先查詢開放時間。

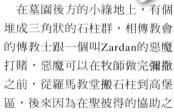

獨家推薦

高堡區砲台
Vyšehradské Kasematy a Gorlice

✉ 導覽地點起始於 Cihelná brána
$ 全票130克朗，半票80克朗
🕐 每日10:00～17:00
MAP P.62

整個高堡區被綿延不絕的高大城牆所圍繞，部分城牆裡面其實

高堡區砲台地道與Gorlice

高堡區歷史講解

也是作為砲台要塞使用，目的在於隱藏軍隊與暗中操控軍情。參觀長達1公里、高達2公尺的砲台，還可以從

內部看見部分從地上圓孔蓋照射進來的光線，參觀最終點則是早期被當作防空洞，用來儲存布拉格區的蔬果，後來停止使用後關閉，直到1992年在此分別安放8尊查理大橋上的雕像真跡，吸引許多人好奇前往參觀。

查理大橋雕像真跡

高堡的耀眼之星
聖彼得聖保羅大教堂
Kapitulní chrám sv. Petra a Pavla

💲全票130克朗，半票70克朗 ⏰週一～六10:00～17:30，週日11:00～18:00 MAP P.62

這座高聳的哥德式教堂，它是捷克國王Vratislav二世於11世紀時所建，經過好幾世代的嚴重毀損與重建，建築風格從文藝復興到巴洛克，最後又再回到哥德式。最特別的是它有個高58公尺的尖塔樓、內部的新藝術壁畫，以及大門上豐富的馬賽克拼磚，讓此教堂也成為布拉格的地標之一。

教堂外觀

內部精緻的新藝術壁畫

布拉格市民的夏日饗宴
夏日戶外劇場
Letní scéna

MAP P.62

每年的6～9月，高堡區的夏日戶外劇場總是吸引捷克當地居民前往聆聽音樂劇，此處為高堡區圍牆北端的凸角堡壘，舊時被當作防禦之用。

↑墓園景觀入口　↗大型紀念墓碑Slavín

MAP P.62

影響捷克的偉人長眠處
高堡區公墓
Vyšehradský hřbitov

　　如果說墓園是景點常常會令人感到害怕，但是在高堡區的墓園每年都會吸引上萬名觀光客的目光。這個從19世紀末就在教堂旁的墓園，以優美的棺木碑文與許多在此長眠的捷克歷史重要人物陵墓聞名，讓人不只可以緬懷祖先，更能深刻的體會這些祖先們對捷克的貢獻與事蹟。

　　多處墳墓的碑文與雕像都代表其人生前的相關事蹟，所以走進此墓園就像是快速瀏覽捷克的歷史書一般。可以從入口處對照名人與其安葬位置，其中作曲家史邁坦納、德弗札克，新藝術家慕

史邁坦納棺木

夏、作家卡雷爾‧恰佩克(Karel Čapek)都安眠於此，最後方的大型紀念墓碑Slavín建造於1890年，前方放置在耶穌十字架下方的檯子上寫著：「Kdo ve mne věří nezemře navěky」，意思為「雖然長眠於此，但他們依舊講古論今。」

Robot名詞的由來
你知道機器人「Robot」這個詞，是捷克作家Karel Čapek創的嗎？他是20世紀捷克最有影響力的作家之一，也是因為他寫了一本《萬能的機器人》(Rossum's Universal Robots Rossum)一書，所以才開啟人類對機器人的無限想像與實踐。雖然許多知名人士都安葬於此，但是著名的卡夫卡卻沒有安眠在此地，而是在布拉格3區的猶太公墓長眠。

Karel Čapek棺木

特色餐飲

便宜又美味的商業午餐

超高人氣親民價格創意料理

U Kroka

✉ Vratislavova 12, 128 00, Praha 2
☎ 775 905 022
🕐 週一～五11:00～23:00，週六、日12:00～23:00
➡ 輕軌3、7、17號至Výtoň
http www.ukroka.cz/en　MAP P.62

餐廳外觀

在高堡區走累了想吃點東西嗎？這間在高堡區超人氣的餐廳，晚餐時間總是高朋滿座，裡面提供的是捷克創意料理，合理價格受到許多民眾的喜愛，建議提早預約。

鮮口感綿密扎實的義式冰淇淋

Puro Gelato
義式冰淇淋

✉ (總店)Na Hrobci 410/1, 128 00, Praha 2
☎ (總店)721 438 209
🕐 (總店)週一～五10:00～20:00，週六09:00～20:00，週日10:00～20:00
➡ 總店：搭乘輕軌17號至Výtoň，市中心店：搭乘地鐵A線Staroměstská
http www.purogelato.cz

這家店的店名打著「Nejsem zmrzlina，jsem gelato！」意為「我不是冰淇淋，我是Gelato！」就是我們所稱的義式冰淇淋。由於乳脂肪含量約在 4～8%，空氣含量比一般傳統冰淇淋少了50%，所以吃起來口感綿密扎實。店內的風格可愛溫馨，且標榜著每日新鮮現做，所以真的是大排長龍，加上總店位於

排隊的人潮與店門口

在河岸堤、週末農夫市集旁，吃著冰淇淋非常愜意。目前市中心也開了分店，方便旅客購買。

175

A další
布拉格其他景點與住宿

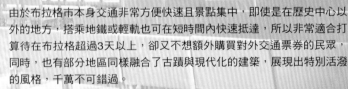

概況導覽

由於布拉格市本身交通非常方便快速且景點集中，即使是在歷史中心以外的地方，搭乘地鐵或輕軌也可在短時間內快速抵達，所以非常適合打算待在布拉格超過3天以上，卻又不想額外購買對外交通票券的民眾，同時，也有部分地區同樣融合了古蹟與現代化的建築，展現出特別活潑的風格，千萬不可錯過。

熱門景點

華麗壯觀的迷人教堂

聖魯德米利教堂

Kostel sv. Ludmily

- ✉ Jugoslávská 662/27, 120 00, Praha 2
- ☎ 222 521 558
- 🕐 週一～六11:00～16:00，週日08:30～12:00，15:30～17:30
- ➡ A線Náměstí Míru
- 🌐 www.ludmilavinohrady.cz　　MAP P.67

從地鐵A線Náměstí Míru一出來，就會看到一座碩大的哥德式教堂，坐落於一個大圓環的中心，旁邊圍繞著百花爭放的小型廣場與劇院，夏季的躺椅上總是坐滿愛曬日光浴的捷克人；或是可以在聖魯德米利教堂的階梯口，發現三五成群一起聊天的年輕人，有時候還能聽到戶外鋼琴的彈奏聲，非常愜意。如果有機會，別忘了一定要參觀此教堂。外觀的哥德式風格配上中心的圓形畫窗，內部宏偉華麗十分壯觀，不定時還會舉行管風琴演奏會。別錯過每年的布拉格燈光節，教堂會打上立體動畫影像，就像是活了起來，非常震撼俏皮。

↓教堂正面與側面　　　　　→燈光節慶典

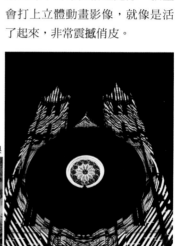

知識充電站

全歐盟最深最長的地鐵站

到了布拉格有沒有覺得每站地鐵的手扶梯速度都好快，又位在好深的地方呢？布拉格A線Náměstí Míru(和平廣場)地鐵站是全捷克最深長的地鐵站，也是歐盟最深的地鐵，深度達53公尺，想要體會從月台幾乎看不見出口的景象嗎？記得來嘗鮮一下吧！這站附近有許多特色餐廳，是外國人最喜歡居住布拉格的區域之一。

Náměstí Míru地鐵站

時尚浪漫的布拉格全景之最
布拉格TV塔
Žižkovská věž

✉ Mahlerovy sady 1, 130 00, Praha 3
☎ 210 320 086
◎ 景觀臺09:00～00:00
💲 全票300克朗，半票230克朗
➡ 地鐵A線Jiřího z Poděbrad步行約5分鐘
http www.towerpark.cz
MAP P.67

在布拉格很難不發現這座高達216公尺的TV塔，1985～1992年間建置、配有特別發送器，但是當時由於被蘇聯統治，此電塔的建設引起當地居民的不滿與抗議，原因在於造型詭異，且興建過程拆除部分猶太墳墓，加上人民謠傳此電塔的射頻是蘇聯干擾西方傳播媒體的一種工具。隨著蘇聯的解體與民主的開放，電視塔外牆上在2000年添加了黑大衛的爬行嬰兒雕塑作品，被評為最醜怪的塔之一，但經過2011～2012年的整修後，成為充滿漂亮優雅的餐廳、時尚浪漫的吧檯、奢華的Hotel和可以360度全覽布拉格的景觀塔，漸漸受到旅客與居民的喜愛。需注意的是，常常

TV塔日與夜

會有企業公司包塔舉行Party，所以有時會暫停對外開放，需隨時注意官網的消息。

觀景臺現代化設計樓面

吧檯與餐廳樓面

全世界第三大騎馬銅像
國家民族
解放紀念館

獨家推薦

Národní památník na Vítkově

✉ U památníku 1900, 130 00,Praha 3
☎ 222 781 676
⊙ 週三～日10:00～18:00
💲 全票120克朗，半票80克朗
➡ 巴士133、175、207、909號U Památníku
🔗 www.nm.cz
🗺 P.67

特殊的銅雕門面

　　一個巨大的騎馬人像矗立在Florenc站後的Vítkov小山丘上，這是國家博物館分館的民族解放紀念館，建立於1928～1938年間，並在二戰結束後重新改造以紀念反納粹主義者。1948年後此處安葬了捷克斯洛伐克當時的傑出人士與其他無名烈士的墳墓。紀念館上面的騎馬雕像是波西米亞的民族英雄、胡斯戰爭中起義軍的統帥Jan Žižka，這也是全世界第三大的騎馬銅像。在館內上方的咖啡館與景觀臺可以看到此區域優美的風景。

附設咖啡館

↑→Jan Žižka雕像

優雅公園增添市區美感

距離市中心不遠的Vinohrady區，除延續市中心美麗特別的建築外，此區也住著許多外國人，所以特色店家與創意料理餐廳都會在此出現，不妨沿著聖魯德米利教堂教堂旁的Korunní街尋找，或在TV塔附近都可發現。

平時可前往占地11公頃的麗格公園(Riegrovy Sady)，整個公園鋪滿草皮且呈小斜坡，可以遠眺布拉格城堡區，加上公園內的啤酒屋與香腸攤，在夏天時更是一位難求。另外一個哈維奇公園(Havlíčkovy sady)除擁有大片葡萄樹外，還有Grobe別墅、涼亭葡萄園和酒廠。原為查理四世成立的小酒廠，到了1870年被商人Grobe買下當作夏宮，其死後他的繼承人將土地開放出租給哈布斯朝皇室，伊莉莎白公主與丈夫和家庭成員曾當住於此，後來賣出後又經過戰爭的轟炸摧毀，重新修復後才成為今天的樣貌。

目前除了公園之外，上方的葡萄園涼亭以優美的鏤空梁柱配上絕佳的美景，再加上一旁歷史悠久的咖啡館，深受許多結婚新人喜愛，此地也被列入國家文化古蹟。下方的Grotta人工岩洞有美麗的小噴泉與雕像，吸引許多人的注目。

Vinohradsky館

Vinohradský Pavilon

- ✉ Vinohradská 50, 120 00, Praha 2
- ☎ 286 017 710
- Ⓒ 週一～五10:00～19:00，週六10:00～18:00
- ➡ 輕軌11、13號至Vinohradská tržnice
- http www.pavilon.cz
- MAP P.67

←↑精品家具展示

經過裝修，原本老舊的室內市集搖身一變，成為開放明亮的精品設計家具空間，內部銷售許多設計師家具與家庭用品，喜歡空間設計或是家具設計的朋友可以前往一看。館內還附設一間開放式的閱讀咖啡館，很適合想要安靜閱讀空間的朋友們。

展場外觀

館內附設咖啡館

A další

全世界第七名動物園
布拉格動物園
Zoo Praha

- ✉ U Trojského zámku 3/120, 171 00, Praha 7
- ☎ 296 112 230
- ⏰ 1～2及11～12月09:00～16:00，3月09:00～17:00，4～5月及9～10月09:00～18:00，6～8月09:00～21:00
- 💲 全票330克朗，15歲以下兒童250克朗。上網購買價格較低，各項優惠票價請上官網查詢
- ➡ 巴士112、236號至Zoologická zahrada
- 🌐 www.zoopraha.cz
- 🗺 P.66

　　想知道全世界排名第4名的動物園是什麼模樣嗎？布拉格除了風景美麗之外，位於Troja區的動物園也很受到遊客喜愛，在2007年的富比世雜誌上被評選為全世界排名第七，2020年Tripadvisor將過去一年用戶評比，更是排名全世界第4的動物園。

園區占地58公頃，內約有700種動物，因為整個園區呈現山坡狀所以還有機會俯瞰伏爾塔瓦河的美景，不僅如此，園內還有纜車與開放式的動物餵食秀、小動物零距離接觸、可愛的北極熊，非常受到遊客喜愛。由於動物園開放全民認養活動，所以連布萊德彼特、安潔麗娜裘莉和一些世界知名人士的認養照片都在入園區展出。

美麗古典的展覽會
布拉格世貿中心
Výstaviště Praha Holešovice

- ✉ Výstaviště 67, 170 90, Praha 7
- ☎ 702 128 232
- ➡ 輕軌12、17、24號至Výstaviště Holešovice
- 🌐 www.incheba.cz
- 🗺 P.67

　　位於國家藝廊附近的世貿中心，常舉辦許多活動與商業展覽。世貿中心本身是一個大型的園區，包含於1891年以新藝術風格建造完成的主展館場，總共分為主要展館與兩側翼。附近還有海洋世界水族館、國家石雕博物館，以及春夏露天遊樂園等。值得注意的是在此處的國家石雕博物館，也有展出部分查理大橋上的雕像真跡。

世貿中心正面

側邊的石雕博物館

布拉格——其他景點與住宿

Vinohradský館・布拉格動物園・布拉格世貿中心

國家藝廊主館

Veletržní palác - Národní galerie

✉ Dukelských hrdinů 530/47, 170 00, Praha 7
☎ 224 301 111
🕐 週二～日10:00～18:00
💲 請上官網查詢
➡ 輕軌12、17、24號至Veletržní palác
http www.ngprague.cz
MAP P.67

此處為國家藝廊的總館，原本只為私人收藏畫廊，到了1976年，一群愛好藝術的捷克貴族們

國家藝廊外觀

成立了愛國藝術組織，當時這裡是世界上同類建築中最大的建築物，它也曾為布拉格樣品展覽會場。第二次世界大戰後，這座宮殿成為了多家外貿公司的所在地，這個過程持續了很長時間，直到1990年才對建築物進行了全面維修。目前總館藝廊中收藏許多中世紀畫作、雕像與近代藝術，是許多於美術有興趣者必定朝聖之選。

Minor 兒童劇院

獨家推薦

✉ Navrátilova 2 Praha 1
☎ 222 231 351
🕐 請上官網查詢
➡ 電車9.3.24.14號至Vodi kova
http www.minor.cz

帶小朋友旅行不知道無所適從？小小朋友「必來」這個布拉格

市兒童劇院「Minor」，建築外觀似乎不怎麼起眼，但內部的裝潢空間與劇場，在2002年曾獲得布拉格市建築大獎喔！劇場每天提供不同的場次，還有許多workshop等活動，很適合大小朋友一起來。1樓有個室內的小遊戲區所非常吸睛，且離市中心不遠，非常方便抵達，推薦給帶小朋友來布拉格想要「耗費」孩子們體力的爸媽。

參加 9 月葡萄酒活動

第一次來到這裡就是應捷克朋友的邀請參加一年一度的葡萄酒會,雖然需要購買便宜的特洛伊宮殿門票,但可以看到許多傳統歌謠舞蹈與許多攤販,就像是小型的市集。由於每年 9 月是葡萄酒的前期,所以多以口味較甜的 Young Wine 為主,每個攤位總是圍繞著想喝甜的蜜蜂們就是品質保證的象徵。也會

打開地窖讓民眾品嚐美酒並進行解說。除此之外,對面的葡萄園也會開放登上山頂,一覽布拉格此區風景。9 月是捷克各地葡萄酒的活動月,千萬別錯過。

展出攤販與活動　　　特別開放地窖與品酒活動

布拉格的凡爾賽宮

特洛伊宮殿

Troja zámek

- ✉ U Trojského zámku 4/1, 170 00, Praha 7
- ☎ 283 851 614
- 🕐 1～4月底與整年每週一關閉。週二～日 10:00～19:00,週五13:00～19:00
- 💰 花園與戶外空間免費,館內特展全票150克朗,半票60克朗
- 🚌 巴士112、236號至Zoologická zahrada
- http en.ghmp.cz/troja-chateau
- MAP P.66

位於布拉格動物園正對面的特洛伊宮殿,有著大片的城堡花園與小型迷宮,如同一個迷你的凡爾賽宮,由於城堡後方是大片的葡萄樹,每年定期會舉行盛大的葡萄酒節吸引當地民眾前往,目前宮殿內作為市立美術館展覽

花園景觀

館內展覽與精美壁畫

館。建於1679年的整個建築呈現巴洛克風古典義大利風格,正面通往花園的階梯是1688～1703年所興建的,扶手上的雕像是希臘神話中的地神之子、天神與巨神。最特別是館內2樓的皇家大廳裝飾著珍貴的壁畫,象徵哈布斯王朝的榮耀,且可從窗戶看見布拉格城堡,其他廳內也收藏許多19世紀的藝術品與古中國風的相關壁畫,非常值得前往。

另類UFO降臨人間
國家科技圖書館
Národní technická knihovna

✉ Technická 6/2710, 160 80, Praha 6
📞 232 002 535
➡ 地鐵A線Dejvická
http www.techlib.cz
MAP P.66

圖書館內部

　　位於捷克科技大學主校區的國家科技圖書館，外型非常前衛，像是個大型的飛碟。2009年9月

造型前衛的外觀

9日啟用，內藏超過150萬冊的科技圖書，總共高達地上6層與地下3層樓，它開放所有人申請入內閱讀，內部採光良好的天井，加上簡約活潑的顏色與附設小咖啡廳，非常受到學生的喜愛。值得注意的是圖書館牆面上有200幅插畫與英文片語，是由羅馬尼亞藝術家Dan Perjovschi創作，非常有趣，值得大家省思其意義。

布拉格金色之泉
Staropramen 啤酒廠
Pivovar Staropramen

✉ Nádražní 43/84, 150 00, Praha 5
📞 257 191 111
🕐 每週二～日10:00～18:00
💲 全票249克朗起，請上官網查詢
➡ 輕軌14號Na Knížecí或地鐵Anděl往Na Knížecí出口
http www.staropramen.com　　　MAP P.66

　　全捷克第二大酒廠，也是出身於布拉格的Staropramen，坐落

啤酒廠外觀

啤酒廠內酒吧

於Smíchov區，成立超過百年且外銷37個國家。雖然名氣沒有皮爾森啤酒或是百威啤酒那麼大，但是靠著逗趣的廣告與特殊的水果和無酒精口味，深得多數人的喜愛。目前市占率逐漸增加中。

A další

歷史懷舊列車 *Historickych tramvaji*

玩家交流

布拉格大眾運輸博物館，開放特別的歷史觀光電車 41 號與 42 號輕軌，讓民眾搭乘。兩條線路分別貫穿布拉格市中心，但需另外購票。此電車是以古老手搖式控制，全木製的電車內部配上資深的老電車長，帶領大家一起環遊布拉格重要的觀光景點，非常有趣。除此之外，如果有興趣的民眾也可以租借此電車設計自己的專屬路線與服務。41 號輕軌只運行 3 月底至 11 月中，42 號電車整年運行 10:00 ～ 18:00。

$ 一日票全票300克朗，半票200克朗。不得與大眾交通票券一併使用

➡ 詳情請上官網www.dpp.cz/zabava-a-zazitky/historie-dpp

交通工具之家

獨家推薦

大眾運輸博物館
Muzeum MHD

✉ Patočkova 460/4 , 162 00, Praha 6
📞 296 128 900
🕐 7～11月，週六、日09:00～17:00
$ 全票100克朗，半票60克朗
➡ 輕軌1、2、18、25號至Vozovna Střešovice
MAP P.66

於1993年開幕的大眾運輸博物館，如果是電車迷的民眾絕對不能錯過。捷克的重機械工業非常專業，到目前為止幾乎都是自產自用，其中外銷到其他國家的最新型Škoda電車，廣受民眾喜愛。此博物館展示超過40輛歷史電車、模型與圖片，不僅可以觀看，也開放讓民眾進入體驗。

跳脫當代設計窠臼

DOX當代藝術中心
DOX centrum současného umění

✉ Poupětova 1, Praha 7
📞 295 568 123
🕐 週三～日12:00～18:00
$ 全票280克朗，半票130克朗
➡ 輕軌12、24號至Ortenovo náměstí
http www.dox.cz
MAP P.67

純白色的建築外觀雖不是特別亮眼，但是內部寬敞的空間展示了許多現代藝術設計與作品，活生生就像是個創作伸展臺，不管是室內設計，或是室外大型雕塑展覽，都讓人強烈感受到捷克設計師的創作理念與表達方式。館內設有室內外咖啡廳和底層的設計商店，在此你可以買到捷克製造的設計產品，如果是念設計的同學，此處也有販售各種設計類書籍。

特色餐飲

古色古香的傳統酒吧
Zlatý klas

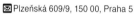

獨家推薦

✉ Plzeňská 609/9, 150 00, Praha 5
☎ 251 562 539
🕐 週一～四11:00～23:00，週五11:00～23:30，週六11:30～23:30，週日17:00～00:00
➡ 地鐵B線Anděl出口後走約5分鐘
http www.zlatyklas.cz

位於地鐵站Anděl附近的傳統酒吧，擁有開放的空間，座位又不失

餐廳入口

古早味的設計感，每到週末用餐時間店裡總是人聲鼎沸，又加上部分時段轉播球賽，所以總是吸引當地的

捷克人前往。值得注意的是店內提供的捷克傳統餐點與Tatarák生牛肉非常好吃且新鮮，價格非常親民，值得嘗試。

店內的Tatarák生牛肉、傳統可樂Kofola，以及黑啤酒都很值得品嘗

內部別有洞天的午茶店家
Cukrárna Alchymista

✉ Jana Zajíce 975/7, 170 00, Praha 7
☎ 732 938 046
🕐 每日13:00～19:30
➡ 輕軌1、8號至Sparta步行約5分鐘
http www.alchymista.cz

位於捷克足球館附近看似不起眼的店家，走進店裡馬上被古老收藏品與精緻小巧的擺設給吸引住，內部有店家巧費心思的迷你小花園，夏天時坐在戶外就好像到了世外桃源。店家的胡蘿蔔蛋糕與特製果茶類飲品，口味偏甜但仍受到各種年齡層的歡迎。

←↓明亮且別有洞天的小花園與用餐環境

A další

便宜大碗美食配百威啤酒
Budvarka

📧 Wuchterlova 336/22, Praha 6
📞 222 960 820
🕐 每日11:00～23:00
➡️ 地鐵A線Dejvická出口往Vítězné náměstí步行約5分鐘
🔗 dejvice.pivnice-budvarka.cz

如果想要吃到俗擱大碗的肋排、烤豬腳，那絕對不要錯過位在地鐵站Dejvická附近的百威啤酒餐廳，內部保有傳統酒館風格，配上一杯百威啤酒，真的是人間美味，非常推薦想要省錢又想吃美食體驗捷克文化的旅客。

特殊口味啤酒

多種自家釀製啤酒口味
Pivovarský dům Benedict

📧 Ječná/Lipová 15, 120 00 Praha
📞 296 216 666
🕐 週一～日11:00～23:30
➡️ 地鐵站I.P.Pavlova步行約5分鐘
🔗 www.pivovarskydum.com

獨家推薦

靠近地鐵站I.P.Pavlova的酒館，提供自家釀製的多種水果、咖啡口味啤酒，有興趣的民眾不妨到此處嘗試，店家會提供五顏六色的啤酒盤給客人品嘗，其捷克餐點也受到當地人喜愛。

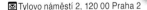

口碑相傳的美食
IPPA Café

獨家推薦

📧 Tylovo náměstí 2, 120 00 Praha 2
🕐 週一～日08:00～20:00
➡️ 地鐵C線I.P. Pavlova
🔗 ifcafe.cz

原店名為If Café，是來自於此間店的老闆娘名字Iveta Fabešová，她不僅親手做糕點，也出版甜點著作。雖然沒有像百年老店的光環，但是如同她所說：「好的美食是不需要廣告的，是由人們來分享傳播的！」

秉持著一分錢一分貨，所有的甜點都是來自最好的食材與法式製作方式，加上開放式現做的廚房、精緻美味的糕點，與不定期推出新

品，藉由擺放在透明櫃中，讓所有路過的民眾很難不被吸引進去。尤其是巧克力慕斯系列與開心果蛋糕，非常的扎實與綿密，作者非常推薦！

在店門口的玻璃門上，店家寫著「No Wifi，We talk」，說明此店家希望前往的客人，都可以在此享受甜點與友人聊天的時光。夏季也會推出手工冰淇淋，讓路過的民眾可以帶著走！

鮮淡菜直送的比利時料理
Bruxx比利時餐廳

✉ Náměstí Míru 9, 120 00, Praha 2
☎ 224 250 404
🕐 週一、日11:30～23:00，週二、三11:30～
　23:30，週四～六11:20～00:00
➡ 地鐵A線Náměstí Míru
http www.bruxx.cz
MAP P.67

獨家推薦

比利時餐點

　　說到淡菜、啤酒、炸薯條和巧克力，你會想到什麼呢？當然就是比利時料理！

　　這間古典高雅的室內設計與裝飾餐廳，每週3次新鮮直送的淡菜，還有多達20種的比利時啤酒與炸薯條等料理。主廚以比利時方式烹調淡菜等季節性料理，十分受到當地人與旅客的喜愛，尤其是大分量的淡菜，非常可口美味。除此之外，餐廳採用比利時頂級的Callebaut巧克力製作甜點蛋糕，甜而不膩，一定要來品嘗一下。

　　你們知道嗎？這間餐廳竟也是Kid-Friendly的親子餐廳喔！親子遊戲空間是此餐廳的另外一個賣點，寬闊的遊戲間，週末時還有專業的保母，父母可以下載特定的APP，透過手機觀看孩子在遊戲間的情況，讓家長可以品嘗美食時，也可以舒適與安心地觀看孩子。

店內擺設與孩童遊戲空間

比利時餐點

店內擺設與孩童遊戲空間

甜點

A další

靜謐優雅地品嘗咖啡與茶香
La Bohème Café

✉ Sázavská 2031/32, 120 00 Praha 2
☎ 734 207 049
🕐 每日08:30〜20:00
➡ 地鐵站Náměstí Míru往Náměstí Míru出口
http www.labohemecafe.eu
MAP P.67

如果你想要享受一個安靜好好坐下來的咖啡店，這是一個遠離遊客的好地點。店家親自前往中南美洲挑選最好的咖啡豆與偏好的烘焙方式，直接與農民交易，販售獨一無二的自家商品。除此之外店家也販售多種茶品供客戶品嘗，且不定期開放相關講座，讓你更了解咖啡與茶的精髓。店內挑高的設計與明亮的空間擺設，加上特殊的家具，非常值得坐上一回。請注意，此店家不供應餐點。

住 宿 推 薦

奢華級

NH Collection Prague Carlo IV
✉ Senovažne namesti 13/991, Prague 11000
http prague.boscolohotels.com

Alchymist Prague Castle Suites (5星)
✉ Sněmovní 164/8, 118 00 Praha
http www.alchymistpraguecastle.com

Aria Hotel (5星)
✉ Tržiště 9, Praha 1, 118 00
http www.ariahotel.net/default-en.html

Hotel Paris
✉ U Obecního domu 1 – 110 00 Prague
http www.hotel-paris.cz/en

經濟型

Miss Sophie's
✉ Melounova 3,120 00 Praha
http www.miss-sophies.com

Hotel Salvator
✉ Truhlářská 10, 110 00, Praha 1
http www.salvator.cz

Czech Inn
✉ Francouzská 76,101 00 Prague
http www.czech-inn.com

Hotel Koruna
✉ Opatovicka 16, Praha 1
http hotelkoruna.eu/en

IBIS Praha
http www.ibis.com

背包客

Travellers Hostel
✉ Dlouhá 33, Praha 1
http www.travellers.cz

Equity Point Prague
✉ Ostrovni 131/15, Praha 1
http www.equity-point.com

Blízké okolí Prahy

布拉格近郊城鎮

概況導覽

除了布拉格外，距離約1小時車程的地方，有著捷克共和國不可錯過的3個重要文化遺產城鎮，分別為克諾皮許德宮殿(Konopiště)、庫納荷拉鎮(Kutná Hora)、卡爾修坦城堡(Karlštejn)。這3處被稱為捷克共和國的三方翠玉，分別具有不可磨滅的歷史地位且均受到聯合國教科文組織的保護。除克諾皮許德宮殿需要轉車外，庫納荷拉鎮與卡爾修坦城堡從布拉格每天均開出多班直達火車，大家有機會也可以乘坐捷克國鐵的雙層火車前往。而距離布拉格不到15分鐘路程、卻也被列入併為布拉格世界文化遺產之一的布魯霍尼茨基(Průhonice)公園與城堡，也是不容錯過之旅。

熱門景點

斐迪南二世的私人標本庫

克諾皮許德宮殿

Konopiště

✉ Konopiště 1, 256 01, Benešov
☎ 317 721 366
💲 票價依照不同導覽而有所不同，請上官網查詢
➡ 從布拉格搭乘火車至Benešov後步行或是搭乘接駁巴士前往
http www.zamek-konopiste.cz　　MAP P.2

在Benešov車站西方2公里處，有座外表不起眼、隱藏在山中、與湖為伴的宮殿，裡面藏著驚人

的歷史過去。宮殿最後的主人就是舉世聞名的奧匈帝國繼承人斐迪南二世(Ferdinand II)，也因為他而引發了第一次世界大戰。在他死前都一直居住在此處，所以宮殿和斐迪南公爵及其家人的住所，都一直保有原樣。

斐迪南公爵一直是個熱愛打獵與收藏珍品的人，並藉此展示他的權威與喜好，所以他將他在世界各地所有的狩獵物製作成標本，標記地點與年分後懸掛在宮殿各處，作為裝飾與炫耀，總共加起來有27萬件，有如活生生的動物園。而他也蒐集了一千多幅聖喬治的畫像與其工藝品，是為了想要勝過英國國王，目前都珍藏在宮殿外的聖喬治博物館裡。

←↓城堡內外景觀

參觀宮殿也可到軍械室中看全歐洲最大量的舊時軍用機械，此宮殿也是全捷克第一個擁有電梯、室內電力與排水系統技術的宮殿。建築風格從一開始的哥德式轉為羅馬式風格。不只是捷克克倫洛夫城堡，克諾皮許德宮殿後方目前飼養了一隻來自東南亞的黑熊，也吸引許多遊客的參觀。

整個宮殿環繞著樹林與公園，其中玫瑰園最受許多婚禮新人的喜愛，成為拍照與宴客的地點，尤其內部開放式的野雞、孔雀和鵪鶉，總是不懼生人般愜意漫步，姿態非常美麗。如果走累了，不妨在內設的咖啡館好好坐下來休息一下。

旅客服務中心

Benešov的夏日接駁小車

特色餐飲

▌與王子的收藏品共進午餐
Restaurace Stará Myslivna Konopiště
野味餐廳

百年老店

✉ Konopiště 2, 256 01, Benešov
☎ 317 700 280
🕐 週日～四11:00～21:00，週五～六11:00～22:00
http www.staramyslivna.com

擁有超過170年歷史的老餐廳，內部收藏許多古董，包括一臺20世紀初的自動鋼琴，直到目前仍然可以播放歌曲，除此之外還保存了克諾皮許德宮斐迪南公爵自古以來的狩獵標本和一些雕刻圖畫作品。此店家菜單上提供野生鹿肉，想嘗試看看的人可以前往，餐廳外也以開放式的空間飼養許多鹿供民眾餵食。

分區2

熱門景點

國王之堡與鎮國之寶

卡爾修坦城堡(查理城堡)

Hrad Karlštejn

✉ Karlštejn 172, 267 18 Karlštejn　📞 311 681 617
💲 由於各項導覽開放時間與價格皆為不同,請上官網查詢
➡ 布拉格搭乘火車前往Karlštejn,下車後走約10分鐘可看到聳立在半山腰的城堡
🌐 www.hrad-karlstejn.cz/en　🗺 P.2

位於距離布拉格約30公里的地方,有一個如同安徒生童話的城堡聳立在半山腰,這是卡爾修坦城堡,也是許多遊客拜訪布拉格之外的景點之一,不僅是外觀引人矚目,也在歷史上具有重要地位。城堡又稱作查理國王之堡,是由國王查理四世於14世紀時興建而成,城堡一開始目的就是保存與陳列皇室寶物與宗教神器,其中最知名的就是國王權杖與加冕皇冠,號稱捷克鎮國之寶,目前真品放置於布拉格城堡內,需由7個重要人物分別持7把鑰匙來

開啟防護門,於特定日子才會公開展示。

由於目前只有提供至半山腳的馬車與公車服務,從半山腳至城堡門口需步行,如行動不便之旅客須多加考慮。城堡參觀需額外付費。

整個卡爾修坦城堡有2個主要建築塔樓，中間由一座木橋連接彼此，這個用意在於如果受敵軍侵襲，國王可下令破壞木橋以防止敵人入侵。城堡最底層有一口深達80公尺的井，古時候以腳踩轉動繩子來提水，上兩層為國王與其皇室寢宮，也可以看到鱷魚的標本，這是因為古時候分不清龍與鱷魚的差別，國王打獵得到的鱷魚都會獎賞給重要嘉賓表達重視。

位於最高塔中有一個神聖且華麗的小禮拜堂，連當時的查理國王要進入時，都以脫鞋來表達尊敬。此處存放著國王的珍寶，甚至有寶石鑲嵌的玻璃，天花板的拱型穹頂布滿有名的西奧多里克大師所描繪的129幅聖徒版畫，令人驚豔。

可惜的是，雖然查理城堡受到世界教科文組織的保護，但19世紀時因為其風格與內部變更了原始的風貌，因此無法列入世界文化遺產，不過其歷史意義與重要性是世人無法磨滅的。

知 識 充 電 站

古時候如何解決擦手問題？

古時候沒有餐巾紙，皇室成員們如何在大魚大肉後擦手呢？答案是他們直接將油膩的手擦在狗的身上！

分區3

庫納荷拉
Kutná Hora

➡️ 從布拉格前往庫納荷拉,可搭乘火車至Kutná Hora hlavní nádraží (離人骨教堂比較近,但市區較遠),或是可以直接搭乘火車到Kutná Hora město nádraží (市中心各景點,但離人骨教堂遠)
🗺️ P.196

銀礦小鎮繁華再現

如同臺灣的九份、金瓜石,庫納荷拉在中世紀靠著銀礦的開採與製造錢幣成為繁榮的城市之一,也因而造就波西米亞王國的興盛,而此鎮也被稱為波西米亞王國之寶。但是庫納荷拉並未因為銀礦開採殆盡而沒落。花了500年的時間建造,在1995年被列入世界文化遺產的聖芭芭拉大教堂,可說是媲美布拉格聖維特大教堂的珍品,這座建築的雕塑藝術令人歎為觀止。如果喜歡挑戰膽量的,也可參觀用好幾萬根人骨拼湊擺設的人骨教堂,也是重要旅遊景點之一。

熱門景點

插入天際的飛升尖塔
聖芭芭拉大教堂
Chrám sv. Barbory

✉️ Barborská 71, 28401, Kutná Hora
📞 327 515 796
🕐 11、12、3月10:00~17:00,1、2月10:00~16:00,4~10月10:00~18:00
💰 全票180克朗,半票140克朗
🌐 chramsvatebarbory.cz
🗺️ P.196

這座大教堂歷經朝代更迭,因而形成多樣化的建築風格,從開工到最後完工共耗費了500年的時間,也因為此處曾是銀礦的開採地,所以依照銀礦守護神聖芭芭拉的意象建造此座教堂。教堂是此時期哥德式的代表作品之一,入

教堂內部

口處的芭芭拉路上有13座聖人雕像引領大家前往聖殿。教堂內圓頂拱門與玻璃窗典雅華麗,小禮拜堂中充滿了15世紀的濕壁畫,也反映了當時的礦工情景與精神,外圍的飛扶壁與多數高聳的尖塔插入天際,不管從哪一個角度欣賞都可以呈現精緻之美。

教堂側面

195

Blízké okolí Prahy

Kutná Hora Autobusové nádraží
(Kutná Hora中央巴士站)

Kutná Hora město nádražní
(Kutná Hora市區火車站)

Váňova

Tovární

U Hřiště

人骨教堂
Sedlec Kostnice

Zámecká

Starosedlecká

Benešova

Čechova

Vítězná

Palackého

Kostel Matky Boží Na Náměti

Hašplířská

Nádražní

Potoční

Sedlecká

Sedlecká

Loretká

Uhelná

Mezibranská

Zemanova

Vocelova

Krupičkova

Slavíkova

Rudní

Brandlova

Sokolská

Klášter řádu sv. Voršily

Andělská

Na Lávkách

Havlíčská

Na Náměti

Tylova

Rohaáčova

Jungmannovo
náměstí

Za Octárnou

Československých legionářů

Kollárova

Jungmannova

Vladislavova

Lidli

U Jelena

Na Sioně

Jiřího z Poděbrad

Tourist information

Palackého
náměstí

28. října

Machaáčkovo náměstí

Zvonařská

Kamenný dům

Morový
sloup

Havlíčkovo náměstí

Žižkova brána

Pobřežní

Hradební

Šultysova

義大利宮
Vlašský dvůr

Zahradní

Na Pavláčce

Václavské náměstí

Jakubská

Novomlýnská

Česká

V Rutthardce

Minoritská

Kostel sv. Jakuba

Pivnice Dačický

Husova

Vysokostelská

Lázeňská

Lierova

Komenského
náměstí

Ruthardská

Pod Hrádkem

Hornická

Rakova

石噴泉
Kamenná kašna

銀礦博物館
Hrádek - České múzeum stříbra

Radnická

Bartolomějská

Smíškova

Galerie Středočeského kraje

Pod Barborou

Barborská

V Mišpulkách

Kremnická

聖芭芭拉大教堂
Chrám sv. Barbory

Na Valech

Kouřimská

Kutnohorská

體驗銀礦工的工作

銀礦博物館

České muzeum stříbra

✉ Barborská 28, 284 01, Kutná Hora
☎ 733 420 366
💲 依照不同路線不同價格，請上官網查詢
🌐 www.cms-kh.cz　　🗺 P.196

博物館內部

想體驗古時候的銀礦工人，穿梭在狹小潮濕的空間揮動尖槌採礦嗎？在此保留了原本礦工採礦的場景與歷史解說，穿著白袍加上頭盔與手電筒，一步一步往下走，如同鐘乳石岩洞的高低通道，透過導覽員的講解，是非常有趣的體驗，最後也會帶領遊客前往礦工的傳統生活環境與模擬場景，總共過程約1.5小時，是個值得前往的旅程。

地道內部情況

令人毛骨悚然的名稱

人骨教堂

Sedlec Kostnice

✉ Zamecka 127, 284 03, Kutná Hora
☎ 326 551 049
🕐 11月～2月09:00～16:00，4月～9月08:00～
　18:00，10月、3月09:00～17:00
💲 票價與聖巴巴拉大教堂有聯票，請上聖巴
　拉大教堂官網查詢
🌐 www.ossuary.eu　　🗺 P.196

原為修道院，當中世紀十字軍東征從耶路撒冷帶回的土壤，灑在修道院的地上，讓許多人爭先恐後地想

安葬在此地，這樣的人數持續增加到19世紀，由史汪森貝格家族買下此修道院，幫忙的木匠師傅將墓地的人骨，雕刻成不同樣式並擺放在教堂內，就如同至今所看到的景象。雖然聽起來驚悚可怕，但是每年卻吸引20多萬人來參觀，且多部電影也在此取景。

實際提供古代居民飲水之用
石噴泉
Kamenná kašna

🗺 P.196

與一般展現美感的噴泉不同，此處的石噴泉在古時候有實際提供居民作為蓄水與供水之用，建於15世紀外牆的哥德式風格，是出自於聖芭芭拉教堂相同的建築師Jan Sek。

波西米亞國王的銀寶庫
義大利宮
Vlašský dvůr

✉ Havlí kovo náměstí 552, 284 01, Kutná Hora
☎ 327 512 873
🕐 每日09:00～18:00
💲 不同路線不同價格，請上官網查詢
🌐 www.guideskutnahora.com 　🗺 P.196

古時法庭

此處建於15世紀，早期是波西米亞國王的鑄幣廠，從前此處生產了全歐洲約40%以上的錢幣。會叫義大利宮有一說法是，因為請了來自義大利的工匠來此生產銀幣而得名。參加導覽可以看到當時的庫房與過去工人工作之地，過去平均12小時可以生產約2,000個硬幣，全部手工打造。中庭可以看到凸出的

禮拜堂窗戶，是後來才經過整修重建，有趣的是內部華麗的禮拜堂，當初經畫家整修的時候，畫家也將自己的肖像畫入壁畫中而引起不滿，但由於其畫風非常獨特巧妙，至今無人可以替代，所以也就成了此處一件公開的祕密。

除此之外，內部的國王大廳，可以看到保留到現在的原始長椅，其歷史來源是由於官員要表達不贊同的時候，就會將長椅背翻轉過來，且坐於對側，是個巧妙有趣的方式。

外觀

特色餐飲

▌美景美食相得益彰
Pivnice Dačický

✉ Rakova 8, 284 01, Kutná Hora
☎ 603 434 367 ◷ 週日～四11:00～23:00，週六11:00～00:00
http www.dacicky.com
MAP P.196

　　從外牆可愛的廚具和入口，很難讓人不想要一窺究竟，此餐廳除了有自己釀造的啤酒外，極具巧思的可愛復古裝飾加上戶外花園，是個令人放鬆心情的好地方，現烤的餐點也受到許多遊客的喜愛。

▌擁有遠眺絕景的餐廳
V Ruthardce

✉ Dačického nám. 15, Kutná Hora
☎ 607 286 298
◷ 週日～四11:00～23:00，週五、六11:00～00:00
http www.v-ruthardce.cz
MAP P.196

　　離聖芭芭拉教堂不遠處，擁有絕佳的戶外風景座位可看見聖芭芭拉大教堂與戶外森林景致，加上附屬的紀念品店，是許多用餐民眾的首選地之一。

布魯霍尼茨基
Průhonice

熱 門 景 點

千種花草爭奇鬥艷
城堡公園
Průhonický Park
獨家推薦

- 📧 252 43 ,Průhonice
- 📞 267 750 282
- 🕐 依照月份而有所不同,請上官網查詢
- 💲 旺季全票100克朗,淡季70克朗;旺季半票60克朗,淡季40克朗
- ➡️ 地鐵C線至Opatov,轉乘巴士363或385至 Průhonice
- 🌐 www.pruhonickypark.cz/en/

比較起其他布拉格近郊的小鎮,這個位於市邊界的Průhonice城堡公園,不管是開車前往,或搭乘大眾交通運輸工具都十分便利,車程僅15～20分鐘,非常推薦大家前往!

可別小看這個城堡公園,在2010年已併入布拉格歷史中心的世界文化遺產。占地將近250公頃的城堡公園,1885年由Arnošt Emanuel Silva-Tarouca建立,他畢生致力於打造此公園,將Boti河與其他分支引流進此,結合了草本植物、蜿蜒無生氣的樹藤,以及植物的特性,讓各類花草在四季中依序綻放不同的色彩與特質。

這裡曾是歐洲最大的景觀公園之一,也是19世紀最具代表性的園藝景觀公園,收藏了超過1,600種當地與外來的植物,其中高達8,000多株與100多種類的杜鵑花最令人驚豔,5月下旬百花盛開的奇景不容錯過,配上園區內的池塘、溪流、森林與觀景台,讓人感到無比愜意與放鬆。看到這裡,是不是趕快著手準備前往呢!

19世紀華麗建築

城堡

Průhonicky Zámek

✉ Zámek 2, 252 43, Průhonice
💲 請洽售票口諮詢導覽時間與價格
➡ 地鐵C線至Opatov，轉乘巴士363或385至 Průhonice
🌐 www.pruhonickypark.cz/en/castle/

從入口穿過林蔭小徑，映入眼簾就是一座環繞噴泉的玫瑰花園，城堡大門、圓弧盾牌形狀的大

門、木製鄉間別墅風格的窗戶與陽台，改變了原本文藝復興的風格特色，目前的外觀可以追溯到19世紀末期。

北側的羅馬式風格帶有螺旋狀的帶有時鐘圓塔，結合南側開放式的大型露台，是來自布拉格華倫史坦宮殿的靈感，從露台放眼望去，可以觀看優美的公園池塘與美景，也是許多旅客拍照的好地方。

近年來城堡陸續翻修，也一一開放多個內部廳堂。因部分會議廳開放給民眾租用，開放與導覽時間會稍加變動，但城堡公園終年開放。

特色餐飲

開放式空間的義式料理

Pizza Coloseum Průhonice

✉ Květnové nám. 5, 252 43, Průhonice
📞 267 312 028
🕐 每日11:00～23:00
➡ 地鐵C線至Opatov，轉乘巴士363或385至 Průhonice
🌐 www.pizzacoloseum.cz/pruhonice

這間連鎖的義大利Pizza店，主打使用來自義大利的食材，但由於我分別吃了3間分店，我最喜歡Průhonice的分店。有著開放式的空間與花園，親切的服務態度，用新鮮食材烹煮的美食，相當美味可口。義大利麵麵條有2種，分別為

店家特製手工義大利麵及一般麵條，對喜歡義式料理的人而言是不錯的選擇。在這店也可以購買到新鮮的義式食材。

波西米亞
Čechy

城市印象

捷克重要的文化資產

占據捷克三分之二的國土面積，環繞著茂密的森林，綿延的伏爾塔瓦河(Vltava)貫穿其中。歷經千年的蛻變與文化傳承，波西米亞孕育出獨樹一格的風格與傳統。北部有典雅華麗的溫泉鎮卡羅維瓦利(Karlovy Vary)，中部除了以波西米亞之心的布拉格為首外，也有黃金啤酒與商業貿易地之稱的皮爾森(Plzeň)，南部以捷克百威市(České Budějovice)作為工業發展與百威啤酒發源地，周圍矗立許多大小不等的城堡與莊園，尤其以捷克克倫洛夫(Český Krumlov)小鎮之美最讓人誤以為誤闖了愛麗絲的夢遊仙境。如今波西米亞已跳脫舊有的印象，轉化為捷克共和國傳統文化典範的驕傲，等著大家前來一窺究竟。

Lazeňský Trojúhelník

溫泉金三角

概況導覽

整個捷克有多達30多個小鎮擁有溫泉療養所，最早從中世紀就已有記載；其中最知名的3個溫泉，剛好坐落於波西米亞西北方呈三角狀，因而稱之為溫泉金三角，它們分別是卡羅維瓦利(Karlovy Vary)、瑪莉安(Mariánské Lázně)、法蘭提雪克(Františkovy Lázně)。2020年被列入世界文化遺產之中。

比較特別的是在捷克所謂的溫泉療養是指水療與醫療保健的結合，以自然療效與醫學科技結合，達到對於預防或是慢性病治療的改善，且已有公開醫學報告指出溫泉水具有療效功能，許多酒店或是療養所都有提供長短期的療養諮詢。

捷克的溫泉水，是使用當地特有的溫泉杯(以把手上做為飲口)直接飲用替代浸泡方式，還能自由漫步在浪漫華麗的溫泉迴廊，使得許多遊客爭相前往體驗。但由於溫泉水苦澀味重，所以配上現場熱烤的甜溫泉餅一起品嘗才是最正宗的溫泉水品嘗方式。需注意的是如果要參加任何療程，請事前預約。

分區1

卡羅維瓦利溫泉
Karlovy Vary

➡️ 從布拉格中央巴士站可直達，或是布拉格中央火車站前往車程約3小時，但需注意卡羅維瓦利有2個火車站，彼此相距不遠，Karlovy Vary dolní nádraží較為方便

捷克的魔幻的礦泉池

傳說14世紀時查理四世國王到森林打獵，當皇家獵犬追趕梅花鹿跌入一個滾燙的湧泉中，不但沒有被燙傷竟然神奇地讓傷口癒合，國王聽聞後將自己的四肢浸入湧泉內，也神奇地恢復了身體的健康，因而命名叫查理溫泉(Karlovy Vary)或Carlsbad。

整個卡羅維瓦利地處於特拉河谷中，群山環繞加上優美的環境，一直以來都是貴族名人的療養所，包括貝多芬、蕭邦、哥德等都曾經在此一嘗溫泉水的魔力。目前開放民眾飲用，12個泉口的溫度不一。除此之外每年7月的國際電影節也邀請許多國際巨星前往盛宴，吸引無數人造訪。

熱 門 景 點

秉持百年獨家祕方

Becherovka
冰爵酒博物館
Muzeum J. Bechera – Becherovka

📧 T. G. Masaryka 282/57, 360 01, Karlovy Vary
📞 359 578 142
🕐 每日09:00～17:00
💲 全票250克朗起，請務必上網預約，確認英文導覽時間
➡️ 從Dolní nádraží車站步行約5分鐘
🌐 www.becherovka.cz/muzeum　　MAP P.206

到了卡羅維瓦利沒有嘗到冰爵酒，就像是到了皮爾森卻沒喝啤酒一樣可惜，號稱第13號溫泉口的冰爵酒，是擁有200多年歷史、銷售多個國家的高濃度苦艾酒，至今釀造祕方依然只有2個人知道。位於火車站旁的Becherovka

博物館外部

博物館，是從以前保留到現在的舊址，內部用復古的方式呈現舊時風格，銷售部則販賣許多復刻版收藏品與多種口味冰爵酒。最道地的喝法是加入通寧水和檸檬汁，調製而成的Beton飲品最受捷克人歡迎。

↓門票包含品酒

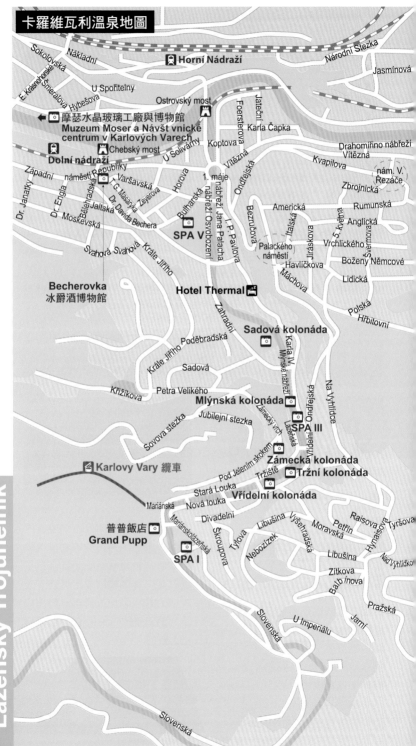

卡羅維瓦利溫泉地圖

Horní Nádraží

Sokolovská
Nákladní
Národní Stezka
Jasmínová

E. Krásnohorské
Smeralova
Hybešova
U Spořitelny
Ostrovský most
Foersterova
Jatečni
Karla Čapka

摩瑟水晶玻璃工廠與博物館
Muzeum Moser a Návšt vnické
centrum v Karlových Varech
Koptova
Drahomířino nábřeží
Vítězná

Chebský most
U Solivárny
Vítězná
Kvapilova
nám. V.
Řezáče

Dolní nádraží
Západní
náměstí Republiky
Varšavská
1. máje
I.P.Pavlova
Ondřejská
Zbrojnická

Dr. Janatky
Dr. Engla
Bělehradská
T.G. Masaryka
Zeyerova
Horova
Bulharská
nábřeží Jana Palacha
nábřeží Osvobození
Beztručova
Americká
Italská
Jiráskova
5. května
Švermova
Rumunská
Anglická

Dr. Moskevská
Jaltská
Dr. Davida Bechera
SPA V
Palackého
náměstí
Vrchlického
Božemy Němcové

Svahová
Svahová
Krále Jiřího
Havlíčkova
Máchova
Lidická

Becherovka
冰爵酒博物館
Hotel Thermal
Polská
Hřbitovní

Zahradní
Sadová kolonáda

Kräle Jiřího
Poděbradská
Karla IV.
Mlýnské nábřeží
Na Vyhlídce

Sadová
Křižíkova
Petra Velikého
Mlýnská kolonáda
Zámecký vrch
Zámecká
Vřídelní
Ondřejská

Sovova stezka
Jubilejní stezka
SPA III

Karlovy Vary 纜車
Pod Jelením skokem
Zámecká kolonáda
Tržiště
Tržní kolonáda

Mariánská
Stará Louka
Nová louka
Vřídelní kolonáda

Divadelní
Libušina
Vyšehradská
Moravská
Petřín
Raisova
Tyršova
Hynaisova

普普飯店
Grand Pupp
Mariánskolázeňská
Škroupova
Tylova
Nebozízek
Libušina
Nad Vyhlídkou

SPA I
Zítkova
Balb ínova
Pražská

Slovenská
U Imperiálu
Jarní

Slovenská

Lazeňský Trojúhelník

206

百年精湛水晶玻璃工藝

摩瑟水晶玻璃工廠與博物館
Muzeum Moser a Návštěvnické centrum v Karlových Varech

- ✉ Kpt. Jaroše 46/19,360 06, Karlovy Vary
- ☎ 353 416 242
- 🕐 週一～五09:00～14:00，建議上網預約參觀時段
- 💲 博物館門票，依照不同的導覽路程不同，請上官網查詢
- ➡ 市公車1、2、22號Tržnice站步行約10分鐘
- 🌐 www.moser-glass.com　　MAP P.206

師傅手工打造過程

擁有百年精湛工藝的摩瑟(Moser)水晶玻璃製品，一直秉持著所有產

←↓工廠入口與銷售區

品純手工雕刻和人工吹製，也因此水晶玻璃不含鉛，可散發出不同的色澤與亮度，廣受皇室貴族如英國伊莉沙白二世、西班牙王儲，還有丹麥王儲等喜愛。位於卡羅維瓦利的摩瑟博物館除了展示許多特別收藏，也開放民眾參觀玻璃廠，可實地觀賞師傅們如何吹製塑形，以及手工打造水晶玻璃，參觀完後的銷售區也販售許多特別款，有需要可請店員送至布拉格分店提取貨品。

悠久歷史的電影熱門地

普普飯店
Grand Pupp

- ✉ Mírové náměstí 316/2, 360 01, Karlovy Vary
- ☎ 353 109 631
- ➡ 市公車2號到Lázně I
- 🌐 www.pupp.cz　　MAP P.206

歷史最悠久且最豪華的普普飯店，內部奢華並結合新藝術與古典主義風格裝飾，從18世紀至今吸引無數的名人與貴族前往，也是電影《007首部曲：皇家夜總會》與《終極假期》的拍攝地點。

溫泉迴廊

Kolonáda

`MAP` P.206

溫泉鎮市中心一景

在捷克的溫泉鎮裡面，最吸晴的莫過於優美浪漫的溫泉迴廊，當手持溫泉杯漫步在迴廊內，就好像仙履奇緣的世界般優雅美麗。卡羅維瓦利有5個精緻雕刻的迴廊：

Vřídelní kolonáda

最知名的迴廊，其衝力達14公尺高的間歇湧泉，溫度高且危險，所以禁止飲用，因而一旁分化了5個飲泉口讓民眾飲用，最高溫度高達72度。

分化飲泉口

Mlýnská kolonáda

這座迴廊長達132公尺，由124根長柱共同組成，在2樓看台上有12尊雕像分別代表12個月分，此迴廊的建築師與布拉格國家劇院相同，都是J. Zitek。因原本附近有磨坊，因而又稱為磨坊溫泉。

迴廊景觀

Sadová kolonáda

位於德弗札克公園旁，有著雪白色鏤空雕花的長廊，於1881年建造。迴廊內的蛇型飲泉口，是

蛇型飲泉口

2001年從迴廊西側建築內移出建造的，也是目前卡羅維瓦利溫度最低的溫泉，大約為30度。

浪漫鏤空雕花迴廊

Lazeňský Trojúhelník

208

Tržní kolonáda

位於Vřídelní kolonáda旁的小型迴廊，據說是當時查理四世首度發現卡羅維瓦利的溫泉處，並且曾在此處治療隱疾。

小型迴廊

新的城堡療養所

Zámecká kolonáda

坐落於岩石上方的宮殿溫泉開發於1913年，是最晚被開發的溫泉。目前裡面也提供水療服務。

Spa療養所

卡羅維瓦利從以前保留到現在總共有6個療養所，但是由於年久失修與破壞，目前只剩3、5、6號療養所依然有在運作，1號療養所只允許入內參觀，2號與4號療養所則已消聲匿跡。

5號療養所

特色餐飲

▌懷舊風格的傳統捷克料理

Restaurace Karla IV.

✉ T.G.Masaryka 57, Karlovy Vary
☎ 353 599 999
🕐 每日11:00～22:00
🌐 becherplatz.cz/cs/restaurant
🗺 P.206

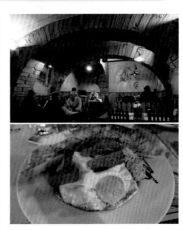

位於冰爵酒博物館內的地窖餐廳，當你一走入時，就會聞到製造啤酒時發酵的味道。這間餐廳有自家釀造的啤酒，選用不同種的麥與不同的發酵過濾程度，提供多種口味的啤酒。內部裝飾非常的獨特，且具有懷舊風格，也提供美味傳統的捷克料理。

瑪莉安溫泉
Mariánské Lázně

➡ 從布拉格或皮爾森可以搭乘直達火車到瑪莉安溫泉火車站約2.5小時，後轉乘市公車抵達市中心；或從卡羅維利搭乘直達火車到瑪莉安溫泉火車站約1小時左右，後轉乘市公車抵達市中心

音樂溫泉的盛典

距離卡羅維利不遠的瑪莉安溫泉鎮，由於觀光客不及卡羅維利，但是此處卻有超過50多個冷礦泉，用於治療許多疾病，包括愛迪生，卡夫卡等名人都曾造訪此地。

整個市中心被美麗的公園所包圍，周遭還環繞著許多優美典雅的歐式酒店與療養所，漫步在此城市顯得心曠神怡。由於大部分的酒店療養設施都屬同一集團，且包含專業的療養流程，也有部分療養所還提供鹽洞的服務，公開的價格與服務可以在旅客中心詢問。

聖十字溫泉

卡羅麗娜溫泉

旅行小抄

溫泉餅 Lázeňská oplatka

如果嫌溫泉水喝不下口，不如配上這個微甜而且比臉還大片的溫泉餅一同入口。幾乎所有的溫泉鎮都會販售這種溫泉餅，有現烤或是以禮盒包裝的方式呈現。最正宗也是最古老的品牌，是起源自瑪莉安溫泉的Tradiční lázeňské oplatky Kolonáda，許多人都誤以為是源自卡羅維利，此品牌目前也在布拉格卡夫卡博物館開分店，各大超市也可以買得到。

✉ Nehrova 29, Mariánské lázně
☎ 354 623 131
⏰ 週一～日08:00～18:00
🌐 www.oplatky-kolonada.cz

巴洛克的長廊典範

溫泉迴廊
Kolonáda

介於兩溫泉中間的溫泉迴廊長達119公尺，建於1889年，如蕾絲般華麗典雅的鐵鑄柱列與巴洛克風格的外觀，是吸引大多數旅客目光的主因，由於過往許多迴廊被嚴重摧毀，幸運的是瑪莉安的溫泉迴廊一直保存至今且重建狀

旅客中心販售特別的溫泉杯

況良好。此溫泉迴廊也可以說是其他溫泉鎮迴廊的典範，內部有許多店家及旅客服務中心。

↑↗迴廊內部與漂亮的畫作

迴廊外觀

外部景觀

聖十字溫泉
Křížový pramen

　　此溫泉是瑪莉安溫泉最早發現的溫泉口，所以內部將發現人 Dr. Joseph Johann Nehr 的銅像放置在內以做紀念。此溫泉的水質具有高含量的鈉，所以嘗起來比較鹹，也有潤腸通便的效果，內部可以購買與寄放溫泉杯。

內部飲用處

卡羅麗娜溫泉
Karolinin pramen

　　以8根廊柱支撐的小圓頂發現於1809年，直到1817年這個溫泉便以紀念法蘭茲國王的皇后卡羅麗娜命名，含有較高的鎂，常用於療養有泌尿系統與腎結石問題的病患。

魯道夫溫泉
Rudolfův pramen

　　位於公園與聖母升天教堂旁的魯道夫溫泉，以仿希臘新古典藝術建築為主，莊重典雅。溫泉水含鈣與鎂，可以輔助治療骨質疏鬆症的病患。

音樂噴泉
Zpívající fontána

　　除了溫泉迴廊外，最受大家矚目的就是這個音樂噴泉。在夏季的時候噴泉會表演不同的水舞，配合音樂旋律展現不同的樣貌。深受許多人喜愛，加上位於迴廊附近，很容易看到。

Lazeňský Trojúhelník

分區3

法蘭提雪克溫泉
Františkovy Lázně

➡️ 從布拉格中央巴士站有直達巴士約3.5小時，或從Cheb小鎮搭乘巴士或是火車前往約15分鐘

寧靜安詳的溫泉小鎮

　　有別於卡羅維瓦利與瑪莉安溫泉，法蘭提雪克溫泉鎮小而寧靜，觀光客不多，適合喜歡貼近大自然的遊客。於18世紀時奧地利國王法蘭茲一世命名，貝多芬、卡夫卡等許多名人曾在此停留，如Národní路7號的建築就曾是貝多芬居住的故居。

旅客服務中心

　　這裡有23個泉眼且溫度都不高，最著名的是此地的泥炭療程，堪稱全捷克最古老也最天然，喜歡泥炭浴的人一定要來此處朝聖一下，配上溫泉水，對於不孕或是肌肉骨骼等療程有相當重要的貢獻。

　　位於市中心的公園內部有一尊尿尿小童的雕像，就是法蘭提雪克，據說它有神奇的力量，當地人相信只要女性碰觸此尊雕像一定會懷孕，有興趣的人可以去試試看。

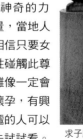
求子雕像

溫泉口與市中心

Plzeň

皮爾森

概況導覽

如果你是個啤酒愛好者，相信你一定聽過皮爾森啤酒(Pilsner Urquell)。沒錯！皮爾森啤酒的發源地就是來自同名的皮爾森市，可見這個品牌是當地的傳奇與驕傲。離布拉格約90公里路程的皮爾森，自波西米亞國王瓦茨拉夫二世創立以來，一直是布拉格與邊境之間的商業樞紐，也是與德國之間的文化交流隘口，因而造就了皮爾森市的繁榮與興盛。不僅是啤酒，就連著名的Škoda汽車也是創立於此地，加上獨特的藝術歷史過往，更獲得2015年歐洲文化首都的稱號。

皮爾森地圖

聖巴特羅慕依大教堂
Kostel sv. Bartoloměje v Plzni

Sady 5. května
Malá
Veleslavínova
Jízdecká
Dominikánská
Roosveltova
Perlová
Palackého náměstí
Palackého
Solní
Pallova
皮爾森釀酒廠
Trasa prohlídky Pilsner Urquell

Na Parkánu

Tyršova
Štruncovy sady
Pušklinova
Riegrova
náměstí Republiky
Dřevěná
●山型屋美術館
Sady Pětatřicátníků
Sedláčkova
Prešovská
Františkánská
Fügnerova
皮爾森啤酒博物館
Pivovarské muzeum
Divadelní
B. Smetany
Zbrojnická
U Zvonu
Pražská

大猶太教堂
Velká synagoga
Bezručova
木偶博物館
Muzeum Loutek
Klicperova
Husova
皮爾森歌劇院
●西波西米亞博物館
Nádražní

Jungmannova
Kopeckého sady
Anglické nábřeží
Denisovo nábřeží
Sirková

Klatovská třída
Martinská
Goethova
Šumavská
Americká

Plzeň hlavní nádraží 🚆

熱門景點

探訪捷克最高教堂鐘塔

聖巴特羅慕依大教堂

Kostel sv. Bartoloměje v Plzni

✉ Náměstí Republiky 234/35, 30114,Plzeň
☎ 377 226 098
🕐 週一~五10:00~18:00，週六、日13:00~18:00
➡ 從火車站約步行15分鐘，或市區輕軌至 Náměstí Republiky站
🌐 www.bip.cz/cs/katedrala-sv-bartolomeje
🗺 P.215

　　這座位在市中心廣場上的哥德式聖巴特羅慕依大教堂建於13世紀，費時150年才完工，也是皮爾森的特色與象徵之一，不僅僅是天主教皮爾森教區的主教堂，更是捷克所有教堂鐘塔中最高的一座，超越布拉格的聖維特大教堂，非常值得前往登塔一覽皮爾森的風景。

215

皮爾森釀酒廠
Trasa prohlídky Pilsner Urquell

✉ U Prazdroje 7, 304 97 Plzeň
☎ 377 062 888
🕐 5~9月09:00~18:00，10~4月10:00~18:00
💲 全票380克朗
➡ 從中央車站步行約10分鐘
🌐 www.prazdrojvisit.cz
🗺 P.215

　　來到皮爾森，一定得親眼看看舉世聞名的酒廠釀造啤酒的技術，從入口處的石拱門，可以馬上感受到這個品牌打從中古世紀到現在的歷史傳承。經由參觀導覽，還可以喝到從橡木桶中打出、純釀未過濾純的美味皮爾森啤酒，是個難能可貴的經驗。整個博物館內展示從啤酒的釀造水質、麥芽、發酵釀造、保存等，到最後產品裝罐等一系列的過程，都有詳細的介紹與展示，不僅是品牌，也帶入了歷史的轉變過程。參觀完廠房後，也可以到酒廠餐廳享用生啤酒與其他捷克美食，這裡是以前皮爾森啤酒廠的發酵房。

皮爾森啤酒博物館
Pivovarské muzeum

✉ Veleslavínova 6, 301 14 Plzeň
☎ 377 062 888
🕐 請上官網查詢
💲 請上官網查詢
➡ 從市中心Náměstí Republiky步行5分鐘
🌐 www.prazdrojvisit.cz　　🗺 P.215

　　位於市中心的啤酒博物館，其實是建於15世紀的一個酒吧，在此你可以看到許多古老的器具與釀酒過程，從如何挑選、烘焙到製造的歷史。位在地下的酒窖、老水車，以及如同小迷宮般的地下通道，也是皮爾森保存至今，戰爭時的逃生防禦通道。

Plzeň

親身貼近大小木偶吧！

木偶博物館

Muzeum Loutek

- ✉ Náměstí Republiky 23, 301 00, Plzeň
- ☎ 378 370 801
- ⏰ 週二～日10:00～18:00
- 💲 全票60克朗，半票30克朗
- 🌐 www.muzeumloutek.cz　　MAP P.215

博物館外觀

木偶劇一直都是捷克的傳統之一，這個總共有3個樓層的木偶博物館收集了從19世紀以來在皮爾森Škoda劇院的木偶，博物館內部除了有個小型劇院外，並展示木偶

博物館內部展覽

工藝，最特別的是開放民眾可以親自操作與把玩各種不同造型大小的木偶，非常有趣。喜歡Spejbl a Hurvínek木偶嗎？記得前往皮爾森的公園內尋找它的雕像吧！

孩童遊戲區

來親自操作木偶吧

世界第三大猶太教堂

大猶太教堂

Velká synagoga

- ✉ Sady pětatřicátníků 35/11, 301 24, Plzeň
- ☎ 377 235 749
- ➡ 輕軌1、2、4號至Hlavní pošta步行約5分鐘
- 🌐 www.zoplzen.cz　　MAP P.215

除了啤酒之外，皮爾森有一個全世界第三大的猶太教堂，由於地緣與歷史的關係，皮爾森市充滿許多異國風情的建築，此猶太教堂就是其中之一。外觀是摩爾式的羅馬建築風格，內部富麗堂皇

的裝飾顛覆了一般人對猶太教堂的印象，教堂內有管風琴，常舉辦音樂會，喜歡的人可前往參觀。

Česke Budějovice

捷克百威市

概況導覽

百威市是波西米亞的第二大城市，也如同皮爾森一樣以城市名命名啤酒，全世界知名的百威啤酒與捷克Koh-I-Noor鉛筆就是源自此處。13世紀初因介於布拉格與林滋(Linz)之間的貿易往來而漸漸繁榮昌盛，但由於過往戰爭使得部分城市付之一炬，經過重建之後又恢復其繁榮樣貌，在19世紀時因歐洲第一條馬車鐵路通道而成為貿易重要城市之一至今。

➡ 從布拉格中央火車站每日均有車次頻繁的直達火車，車程約3小時，中央巴士站每日也有巴士直達約2.5小時

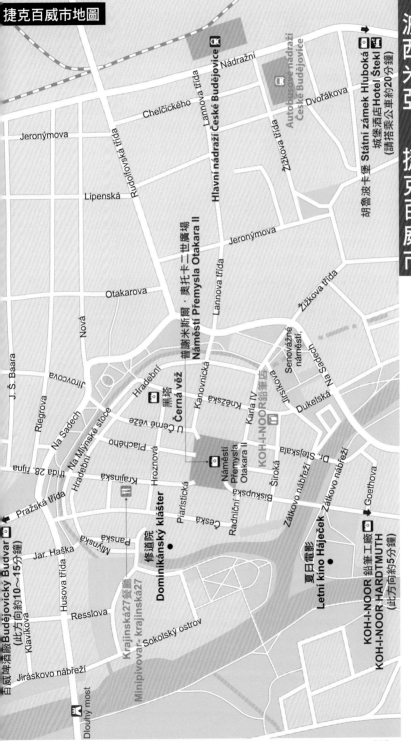

胡魯波卡古堡 Státní zámek Hluboká
城堡酒店Hotel Štekl
（請搭乘公車約20分鐘）

Autobusové nádraží
České Budějovice

Dvořákova

Nádražní

Hlavní nádraží České Budějovice

Žižkova třída

Chelčického

Lannova třída

Jeronýmova

Rudolfovská třída

Lipenská

Jeronýmova

Lannova třída

曾謝米斯爾・奧托卡二世廣場
Náměstí Přemysla Otakara II

Otakarova

Nová

Jírovcova

Žižkova třída

J. Š. Baara

Na Sadech

Hradební

黑塔 Černá věž
U Černé věže

Kanovnická

Senovážné
náměstí

Na Sadech

Riegrova

Karla IV

Kněžská

Jirásková

Dukelská

Na Mlýnské stoce

Plachého

KOH-I-NOOR 鉛筆店

Třída 28. října

Hradební

Krajinská

Hroznová

Náměstí
Přemysla
Otakara II

Dr. Stejskala

Na Sadech

Pražská třída

Krajinská

Piaristická

Biskupská

Široká

百威啤酒廠 Budějovický Budvar
（此方向約10〜15分鐘）

修道院
Dominikánský klášter

Česká

Radniční

Zátkovo nábřeží

Zátkovo nábřeží

夏日電影
Letní kino Háječek

KOH-I-NOOR 鉛筆工廠
KOH-I-NOOR-HARDTMUTH
（此方向約5分鐘）

Goethova

Panská

Jar. Haška

Mlýnská

Husova třída

Krajinská27愛層 Krajinská27

Resslova

Klavíkova

Minipivovar- krajinská27

Sokolský ostrov

Jiráskovo nábřeží

Dlouhý most

壯碩美麗的百威景致
普謝米斯爾·奧托卡二世廣場
Náměstí Přemysla Otakara II

➡ 從火車站往市中心步行約10分鐘
🆖 P.219

進入百威市中心，很難不被這廣大的四角型的廣場所吸引，以波西米亞國王普謝米斯爾·奧托卡二世(Otakara II)之名命名，占地1公頃的廣場是歐洲最大廣場之一，也是捷克課本中不可或缺的歷史遺跡。周圍有哥德、巴洛克、文藝復興等風格的拱廊建築環繞，與坐落中央的參孫噴泉(Samsonova kašna)、精緻典雅的淺藍色市政廳建築，形成極為優美的景致。廣場上有一塊水泥地磚，是紀念在15世紀時，反抗當時政權而被處決的青年所留下來的地標，據說如果踩到這塊地磚，到晚上10點前還沒有回家的話，就會永久流浪下去。

廣場景觀

KOH-I-NOOR鉛筆
KOH-I-NOOR HARDTMUTH

- ✉ Františka Antonína Gerstnera 21/3, České Budějovice(工廠地址)
- ☎ 389 000 200
- ◉ 工廠並未對外開放,如果需要的可以到市中心位於Široká 1, České Budějovice購買
- ➡ 從火車站約步行15分鐘
- http www.koh-i-noor.cz/en
- MAP P.219

市中心販售點

創立於18世紀的百年文具品牌,行銷到世界各地,除了製造孩童的水彩色鉛筆與造型可愛的刺蝟擺設鉛筆外,也生產專業用的石炭與色鉛筆供應給繪圖

←工廠外部

人士,至今仍然是捷克最受歡迎的文具老牌。由於工廠坐落在捷克百威市,所以也可以看到以鉛筆造型環繞的工廠外型與大型煙囪,但請注意,工廠並沒有銷售產品,如果有需要可以到市中心位於Široká 1, České Budějovice的販售點購買。

黑塔
Černá věž

- ✉ U Černá věž, České Budějovice
- ☎ 386 352 508
- ◉ 4～6月、9、10月10:00～18:00(週一休息),7、8月10:00～18:00(每日)
- http www.budejce.cz/aktivity/2-cerna-vez
- MAP P.219

位於廣場旁約72公尺高的黑塔,是可以觀看百威市的好地方,也是舊時該市興旺的象徵。有個古老的傳說,鐘塔上平常坐著會替偷懶打鐘者打鐘的骷髏,這個家喻戶曉流傳至今的傳說主角,據說只有兒童才能看到它。在塔旁邊的教堂則是聖尼古拉教堂。

典雅夢幻的外觀

胡魯波卡堡

Zámek Hluboká

- ✉ Bezručova 142,373 41, Hluboká nad Vltavou
- ☎ 387 843 911
- ⊙ 週一固定公休,開放時間,依照不同導覽不同,請上官網查詢
- $ 請洽官網
- ➡ 捷克百威市的巴士總站搭乘前往Hluboká nad Vltavou, Pod Kostelem車程約30分鐘
- http www.zamek-hluboka.cz/en
- MAP P.219

位於百威鎮近郊的Hluboká nad Vltavou小村莊,藏著全捷克最美城堡之稱的胡魯波卡堡,目前屬於國家遺產的一部分,坐落在小丘上如同白雪公主的童話城堡,讓人無可救藥地愛上它。

從13世紀起居住過歷任皇室貴

族,最後持有者為中歐貴族史汪森貝格家族。二戰遭到納粹迫害逃亡到美國,解放後此處由捷克政府接管維護。值得一提的是,捷克的前外交部長Karel Schwarzenberg也是來自於此家族。

建築設計從一開始的哥德式到16世紀的文藝復興,再到19世紀仿英國溫莎堡改建而成。內部宮殿有140個大小功能各異的房間與11個塔樓,及擁有來自16至18世紀琳瑯滿目的雕塑與繪畫作品,還有奢華的水晶吊燈與典雅家具,配上雕花牆壁與方格天花板都以木質雕刻為主,有機會還可以看到軍械庫與特別開放的家族公寓。

順帶一提,在入口處的門把有一隻烏鴉正在啄食土耳其人的眼珠,這是史汪森貝格家族的標幟,為了紀念當時擊退侵犯的土耳其人,藉以代表勝利與權力的象徵,城堡外部懸掛的鹿角裝飾也是家族狩獵的成果。如果想參觀整個行程約需要一天的時間。每年暑假不定期開放城堡之夜,邀請民眾夜遊胡魯波卡堡,也是另外一種體驗。

史汪森貝格家徽

特色餐飲

提供窯烤肉品與自釀美酒饗宴
Minipivovar-krajinská 27餐廳

✉ Krajinská 27, České Budějovice
☎ 727 957 036
🕐 週日~五11:00~22:00，週六11:30~22:00
🌐 krajinska27.cz
🗺 P.219

　　這家設計新穎的店面，採用中庭開放採光的方式，讓用餐環境顯得更簡潔大方，同時也是一間小型的自有釀酒廠。有別於傳統釀製法，店家使用啤酒大麥芽、啤酒花和酵母，以及底部發酵，在lagering發酵室成熟後，不過濾保留天然物質。

　　如果喜歡吃肉的民眾，千萬不能錯過這間店，這裡提供多種肉品的各部位選擇，採用窯烤方式，將肉質鮮甜的部分逼出來，非常推薦愛吃肉的旅客來訪。如果想要吃到熱的蔬菜，也可以額外點購。

住宿推薦

獨特的城堡住宿體驗
Hotel Štekl v Hluboké nad Vltavou城堡酒店

✉ Bezručova 141, 373 41, Hluboká nad Vltavou
☎ 387 967 491
🌐 www.hotelstekl.cz　🗺 P.219

　　想要住在城堡內嗎？這間位在胡魯波卡城堡旁的4星級酒店，原本是胡魯波卡的行政廳，直到1989年才改為Stöckl的個人住宅，目前開放遊客居住，提供與胡魯波卡堡相同風格的城堡房間設計，有興趣的民眾可以前往參觀。

波西米亞—捷克百威市　胡魯波卡堡・特色餐飲・住宿推薦

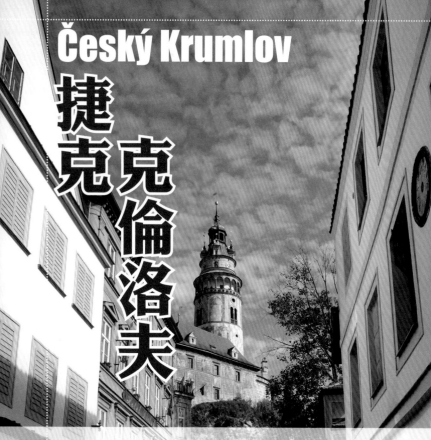

Český Krumlov

捷克克倫洛夫

除了首都布拉格之外，第二個讓人流連忘返的地方，大概就屬有全歐洲最美童話般小鎮之稱的捷克克倫洛夫。不同於其他大城市，在只有幾平方公里的地方住著不到1萬5千的人口，承襲著中古世紀的懷舊風格與傳統，綿長的伏爾塔瓦河環繞著整個歷史中心形成完美的水滴形狀。這優美典雅的小鎮加上聳立的彩繪塔和城堡區讓人難以忘懷，適合輕巧漫步在這蜿蜒的石頭路上，享受著每一分每一刻的浪漫情懷，更是許多情侶蜜月的首選地。

根據記載，13世紀時由Vítek家族在此建立哥德式城堡，而後家族分封給5個兒子，也就是傳說中的5朵玫瑰花瓣分封，形成以5瓣玫瑰為標識的家徽，最後因為後繼無人，瓦茨拉夫二世將此地賜給了Rožmberk家族，進而統治此地長達300多年，也為此區注入許多哥德式的建築，之後又賣給了哈布斯王朝並贈與Eggenberg家族，此時的房舍分別改建為巴洛克風格，另外又修建了城堡歌劇院，並擴大城堡規模，但之後又因後繼無人，最後由史汪森貝格(Schwarzenbergs)家族接手，投入大筆資金維護重修，再經過納粹時期與蘇聯解放，最終收歸國有。

➡ 交通從布拉格Na knížeci巴士站可以直達捷克克倫洛夫，約3小時，如果搭乘火車則需至捷克百威市轉巴士，再往捷克克倫洛夫約3.5小時。需特別注意捷克克倫洛夫的火車站並不在市中心，距離景點有一段距離，不建議以火車方式抵達

熱門景點

童話般的王子公主之家
捷克克倫洛夫城堡區
Zámek Český Krumlov

✉ Zámek 59,381 01, Český Krumlov
☎ 380 704 721
🕐 城堡內部導覽固定每週一公休，11～5月底不開放內部參觀，但城堡博物館、彩繪塔冬天照常開放。詳情請上官網查詢
💲 票價依照導覽不同而有所不同，請上官網查詢
🌐 zamek-ceskykrumlov.cz/en
🗺 P.226

坐落在小山丘上方廣大的城堡區，是全捷克第二大的組合城堡區域(第一大為布拉格城堡)，展現了14～19世紀的各式建築風格，並且是世界最珍貴的遺產之一。整塊岩石地區聳立著大大小小40多座特色建築，從入口處的彩繪塔為起點，經過5個環繞的中庭院，最後終結於西南方的城堡花園，每年的巴洛克城堡音樂季，以及巴洛克式舞會晚宴最受人歡迎，加上夏天的玫瑰花瓣節吸引無數觀光客前往參觀，是個名符其實的觀光小鎮，卻又不失傳統純樸的風格。

前往城堡的遊客要注意，冬季時間不開放城堡內部導覽，但城堡開放區域與塔樓依然開放，但是需要注意開放時間與日期。建議旅客避開高峰時間，可以選擇清晨或是夜晚步行開放區域。

城堡區 捷克克倫洛夫之美麗代表
彩繪塔
Zámecká věž

🕐 票價與開放時間請上官網查詢

MAP P.226

高達56公尺的彩繪塔無疑是此處最具代表性的建築，塔內是哥德式風格，但外部卻是以文藝復興風格建造，塔面上的立體彩繪藝術，是由16世紀Bartoloměj Beránek宮廷師傅製作裝飾。整個塔基座始於13世紀，經過不同世紀的改造增加樓面，塔頂懸掛著4座敲鐘，最重達1,800公斤重，其餘的洋琴敲鐘懸掛在塔樓已有400年之久，最後於1919年開始加上頂部的鐘錶盤，此處也是遊客的最愛之一，登上塔樓後可以遠眺捷克克倫洛夫的美景。

Český Krumlov

捷克克倫洛夫地圖

🚩🚉火車站(往此方向走約2公里)
Vlakové nádraží Český Krumlov

Špičák

Chvalšinská

V Jámě

Latrán

捷克克倫洛夫城堡區
Zámek Český Krumlov

鹿花園
Jelení zahrada

彩繪塔Zámecká věž
第一、二中庭I. II. nádvoří

Pivovarská

巴洛克城堡劇院
Zámecké barokní divadlo

騎士之家
Malba rožmberského jezdce na průčelí domu

Na Dlouhé zdi

第三、四中庭
III. IV nádvoří

Klášterní

Český Pernik

愛格堡啤酒廠
Eggenberg

Plášťový most

Nové město

Náplavka

Objížďková

懷舊店家博物館Muzeum obchodu
Lazebnicky Most

Na Ostrově

城堡花園
Zámecká zahrada

Rybářská

Dlouhá

Široká

Radniční

Latrán

捷克隕石博物館
Muzeum vltavínů

巴士站
Autobusové nádraž Český Krumlov

K Zámecké zahradě

義大利庭院之屋
Vlašský dvůr

Soukenická

Panská

Mašná

Parkán

玫瑰酒店Hotel Růže

Kaplická

施瓦柏日格之家
Švamberský dům

Náměstí Svornosti
廣場

Horní

Krčma v Šatlavské餐廳

Roosveltova

Nová

格啟努之家
Krčínův dům

Hradební

Kájovská

聖維特教堂
kostel svatého Víta

Krčma v Šatlavské

Dlouhý

Nad Schody

Linecká

Horská

城堡區　自古以來的熊之守衛
第一、二中庭
MAP P.226　I. II. nádvoří

第一、二中庭

　　從紅門連接到城堡正門的第一與第二中庭，是舊時的家畜與農牧存放地，也是舊時的鑄銀場，目前為旅客服務中心。值得一提的是連接第一中庭與第二中庭間的壕溝，飼養著2隻可愛的黑熊，這是從16世紀開始的傳統，相傳Rožmberk家族與義大利的奧西尼家族為親屬關係，又由於義大利文「熊」字的發音與奧西尼相近，所以以飼養熊來維持此關係。

城堡區　百年屹立不搖的露天斗篷橋
第三、四中庭
MAP P.226　III.IV nádvoří

　　通過朝上斜坡的拱形走廊後會抵達第三中庭，此處也是參觀導覽的入場地，外部仍然保有16世紀的文藝復興風格與五彩的拉毛粉飾壁面，下方地窖是整座3層宮殿的地基，由大量石柱與拱門組成，值得一提是從第四中庭通往外面的露天拱橋被稱為斗篷橋，建於17～18世紀，這種挑高跨越深谷的設計，是用人工銜接，一直連結到第五中庭的巴洛克劇院。

通往第五庭院之露天拱橋稱斗篷橋

↑第三與第四中庭

通往第三庭院入口日與夜

227

城堡區 世界保存最完好的巴洛克劇院
巴洛克城堡劇院
Zámecké barokní divadlo

ⓒ 請上官網查詢
💲 請上官網查詢 MAP P.226

城堡區中最有價值的區域之一應該非此巴洛克劇院莫屬，到目前為止，該劇院仍然保有18世紀的原貌，且沒有經過任何整修與改建，同時還保留著完整收藏的舞臺布景，與成百上千的服裝與

巴洛克劇院特別開放表演

道具，完美的自動變換舞臺背景畫面，且珍藏2,400多卷歌劇腳本，加上動人的舞臺音效，能與此處媲美的，全世界應該只剩瑞典的多特寧霍姆皇家劇院。

第五庭院與出入口

城堡區 特製旋轉露天看台
城堡花園
MAP P.226 ### Zámecká zahrada

ⓒ 5～9月08:00～19:00，10月08:00～17:00

占地11公頃的城堡花園兼具巴洛克與洛可可風格，花園內有一座

海王星瀑布噴泉，雕刻著神話與寓言典故，往後走到盡頭是最具盛名的旋轉露天看台，最早建於1958年，提供60個觀眾座位。內部以40個隱藏士兵旋轉此看台，經改造後目前可以容納658人，且為機械式自動運轉，夏日當作戶外劇場使用。

露天表演的旋轉看台

花園景觀

唯美浪漫的傳統巷弄與特色建築

捷克克倫洛夫歷史中心
Historie města Český Krumlov

歷史中心 色彩簡潔獨特的豪華之屋
義大利庭院之屋
Vlašský dvůr

✉ Dlouhá 32, 381 01, Český Krumlov　MAP P.226

　　這是鎮中心最大也最豪華的建築之一，其房屋3面分別面對3條不同街道，文藝復興式的牆面與閣樓式的山牆，哥德式的門面也相當引人注目，目前為一家餐廳所營運。

歷史中心 緬懷中古世紀騎士風範
騎士之家
Malba rožmberského jezdce na průčelí domu

✉ Latrán 39, 381 01, Český Krumlov　MAP P.226

　　外觀採文藝復興的格紋裝飾外，中間繪畫的騎士也是其特色之一，目前為販售紀念品店家。

歷史中心 壁畫中的可愛小馬圖
施瓦柏日格之家
Švamberský dům

✉ Soukenická 35, 381 01, Český Krumlov　MAP P.226

　　目前是一間酒店與餐廳，重新翻修的屋面上我們可以看到15世紀的壁畫，裡面依稀可以看到小馬在搖籃裡的可愛情景。

229

懷舊店家博物館

Muzeum obchodu

✉ Radníčni 29, 381 01, Český Krumlov
☎ 380 727 945　◷ 每日10:00～18:00
http www.muzeumobchoduck.cz/en/　MAP P.226

　喜歡懷舊風格的民眾千萬不要錯過這個店家博物館，裡面收藏許多古老歐洲店家的收銀機、咖啡機和許多店家招牌，非常的溫馨，讓許多歐洲人都跌入兒時的回憶。博物館室可以免費進入，店家也販售許多相關懷舊產品吸引人購買，老闆穿著復古且知識淵博，若想知道任何捷克老商家回憶可以詢問老闆。

Český Krumlov

230

歷史中心　豐富壁畫之家
格啟努之家
Krčínův dům

✉ Kájovská 54, 381 01, Český Krumlov　📍P.226

目前為一間4星酒店，始於16世紀的文藝復興風格，其壁畫非常珍貴且充滿多樣化的主題，吸引眾人的注目。

歷史中心　充滿神奇能量的礦物!?

獨家推薦

捷克隕石博物館
Muzeum vltavínů

✉ Panská 19, 381 01, Český Krumlov
📞 734 174 130
🕐 3～10月10:00～18:00，11～2月10:00～17:00
🌐 www.vltaviny.cz/cz　📍P.226

捷克特有的捷克隕石博物館就在克倫洛夫小鎮，隕石在1,500多年前形成，最後撞到地球表面散落在南波西米亞，因而在此開設博物館。想知道捷克隕石的行經路徑、由來與形成，或是想購買捷克隕石，都可以來此一遊，博物館內設有互動新穎的設計，記得前往參觀。

図片提供─捷克隕石博物館

捷克克倫洛夫之酒
愛格堡啤酒廠
Eggenberg

✉ Latrán 27, 381 01, Český Krumlov
☎ 380 711 426
http www.eggenberg.cz MAP P.226

捷克啤酒聞名世界，到了捷克克倫洛夫，當然別忘了品嘗誕生於當地、始於1560年的愛格堡啤酒廠。啤酒廠是由當時統治捷克克倫洛

夫的奧地利Eggenberg家族命名，廠內的啤酒花園可以追溯到16世紀，現今多半提供給新人舉行婚禮或是其他活動用途。啤酒廠每日11點都有導覽參觀開放，想要知道如何製造、罐裝、糖化發酵的過程，不妨前往一遊，之後也可在啤酒廠旁的餐廳再次品嘗這啤酒的美味。

特 色 餐 飲

傳統蜜糖餅鋪
Český Perník

✉ Latrán 54, Latrán, 381 01 Český Krumlov
☎ 777 607 576
http www.ceskykrumlovoriginal.com MAP P.226

這間位在城堡大門正對面、具有濃厚捷克傳統擺設的店面，室內還擺放著古老的廚房烘培器具與爐子，賣著特製的蜜糖餅與獨特

的蜂蜜酒，還有各式各樣的果醬、巧克力，加上可愛又溫馨的熊設計，不管是自用或是送人都是不錯的伴手禮。

Český Krumlov

▌物美價廉洞穴窯烤
Krčma v Šatlavské

✉ Horní 157, Český Krumlov
📞 380 713 344　　🕐 每日11:00～23:00
🌐 www.satlava.cz
MAP P.226

受到亞洲觀光客大推的洞穴型窯烤餐廳，由於價格實惠且分量大，提供傳統捷克菜並現場製作。復古漂亮的環境有著小鎮風味，其中重達1公斤的烤豬腳，廚師將豬腳半煮熟後再放入傳統的窯甕現場烘烤，受到大家歡迎，但由於觀光客太多必須提前預約座位。

住宿推薦

▌體驗中古世紀奢華酒店風
Hotel Růže
玫瑰酒店

✉ Horní 154, Český Krumlov　📞 380 772 100
🌐 www.janhotels.cz　　　　MAP P.226

來到捷克克倫洛夫如果想要體驗奢華的中古世紀風格酒店，可別忘了這個從16世紀原由耶穌會宿舍重新改建而成的5星級酒店。此酒店充滿溫馨浪漫的風格，且時常會有穿著中古世紀服飾的工作人員或是中古世紀晚餐呈現，部分時候甚至開放為演奏會場地。

Litomyšl

利托米什爾

概況導覽

利托米什爾創於西元981年，原為山丘堡壘，也是中世紀連接波西米亞與摩拉維亞的重要路線，到了13世紀被波西米亞國王授予主教區，直到胡斯叛亂時期聖母教堂被燒毀為止。接下來又成為神聖兄弟會的庇護所，到了1547年Postupice上議院失去控制撤離後，開始興建大型文藝復興宮殿，此城堡是義大利G. B. Aostalli和U. Aostalli的作品，且於1999年被列入世界文化遺產。

這小鎮是我最喜歡的捷克小鎮之一，不僅充滿文藝復興的音樂氣息，還是兼具現代化的歷史名城，新舊建築融合得完美無缺。這裡也是許多音樂名人的出生地，最有名的就是捷克音樂之父史邁坦納，每年夏天的史邁坦納利托米什爾音樂季，都是在宮殿內的開放庭院舉行。城堡、修道院與花園，以及色彩繽紛的廣場，空氣中散發清幽的氣息，不時都會聽到優美的音樂，腳步隨著音樂節奏，整個人都會放鬆自在了起來，這裡可以一次滿足聽覺與視覺享受。

熱門景點

↑城堡外牆　→↘城堡內部大廳室

體驗文藝復興的浪漫
利托米什爾城堡
Zámek Litomyšl

✉ Jiráskova 93, 570 01, Litomyšl
📞 461 615 067
🕐 請洽官網
💲 價格依照不同路線不同，請上官網查詢
🌐 www.zamek-litomysl.cz/en

此城堡可以說是文藝復興時期的傑作之一，由鮮豔繽紛的拉毛粉飾結合特殊的斯葛雷非多技法裝飾，內部優美鏤空的拱廊加上浪漫的花園與地窖，進入城堡內參觀，可以感受它曾經擁有的富貴與奢華。城堡大廳中華麗的吊燈，曾

史邁坦納音樂季之盛況與表演

作為道具出現在奧斯卡獲獎影片《阿瑪迪斯》裡。其次是城堡內的劇院，是伯爵家族們專屬的生活享受，到目前仍然保留著簡單的舞臺機械更換裝飾，是少數歐洲僅存的歷史劇院之一。向下走進入城堡酒窖，那裡可見各種特色的雕塑，它們均出自20世紀捷克著名的雕塑家奧伯拉姆・祖貝克之手。

全捷克最長的廣場
史邁坦納廣場
Smetanovo náměstí

此廣場是捷克最長的廣場，總長約495公尺，是市中心的所在地。兩旁佇立著色彩繽紛的小房子不輸特奇小鎮，尤其是結合巴洛克式的建築與文藝復興的壁畫更顯特別。

廣場一端設有史邁坦納雕像以表尊敬與仰慕之意

豐富色彩的彩繪屋
波爾特莫涅姆博物館
Portmoneum -Museum Josefa Váchala

✉ T. Nováková 75, 570 01, Litomyšl
☎ 734 541 323
🕒 5～9月每週二～日09:00～12:00，13:00～17:00，10月週六～日09:00～12:00，13:00～17:00
💲 全票70克朗，半票50克朗
🌐 zamecke-navrsi.cz/portmoneum

這個外觀不起眼的博物館，其實是捷克有名的藝術家Josef Váchal的彩繪屋，他將其屋子與家具當作是他的彩繪殿堂，從天花板到地板都畫上他獨有的風格與藝術，由於內部之前保存不善，後期花了許多時間重新揣摩與修復才是今天看到的模樣，但可惜的是內部不能照相。

音樂的沉澱洗禮
修道院花園
Klášterní zahrady

✉ Klášterní zahrady 570 01, Litomyšl
🕒 4～10月08:00～22:00；11～3月09:00～19:00

整個修道院花園是這城市的另外一個吸睛地，首先映入眼簾的是一個音樂噴泉，泉水與古典音樂的交融，配上花園中20世紀捷克知名雕塑家Olbrama Zoubka的5件雕塑作品，成為一個沉澱心靈的好地方。相傳摸一下花園中的青銅石魚可以帶來好運，實現所許的願望。

音樂大師的生涯初始
史邁坦納出生地
Rodiště Bedřicha Smetany

✉ Jiráskova 9, 570 01, Litomyšl
☎ 461 615 287
◉ 請上官網查詢
💲 全票60克朗，半票30克朗
http www.rml.cz/cs/index.php

在城堡對面的小房子，是偉大的音樂家史邁坦納的出生地(誕生於1824年)，原址為城堡的啤酒廠，史邁坦納是父母的第11個孩子，也是唯一的男孩，當時他父親無比的高興，因而將啤酒桶滾到庭院裡與大家一起分享這個喜悅。

還原出生地場景

出生地的外觀

目前為史邁坦納博物館，在博物館中可以看到史邁坦納的手稿與照片等回憶錄，配上播放的音樂，讓人感覺能更接近他。晚年史邁坦納受到失聰的影響精力交瘁，但依然不減他對音樂的熱情與執著，花了5年的時間創作愛國曲目《我的祖國》，這也是每年布拉格之春音樂季的開幕曲，至今依舊吸引許多人士前往聆聽。

住宿推薦

小巧整潔的住宿選擇
YMCA會館與訓練中心

✉ Jiráskova 133, Záhradí, 570 01, Litomyšl
☎ 461 611 051
http www.esclitomysl.cz

這個結合現代簡約與明亮風格的YMCA歐洲訓練中心，是宮殿的一部分，不僅提供會議場地也提供住宿，再加上旅客中心就跟YMCA的入住櫃檯在一起，是旅人方便且省錢的好選擇，此方案適合背包客，如果有其他需求可洽旅客中心。

摩拉維亞
Morava

城市印象

保存最完好的傳統捷克風俗民情

雖然不像波西米亞那樣出名，但是這裡保有的文化資產更勝波西米亞，其中列入世界文化遺產的數目也比波西米亞多。在此處誕生了許多名人與重要創作，其中像是米蘭昆德拉(Milan Kundera)、慕夏等都是來自摩拉維亞，世界知名的遺傳學家孟德爾，他的遺傳學豌豆實驗也是在摩拉維亞進行。

以布爾諾(Brno)為首府的摩拉維亞，其境內由於土壤肥沃，所以出產的葡萄酒、農產品非常受到捷克人的喜愛，尤其許多傳統工藝慶典與飛鷹表演等，至今仍然在摩拉維亞區保存良好，甚至被列入世界文化遺產非物質遺產類，再加上許多天然景觀，個人非常推薦花點時間好好前往體會。

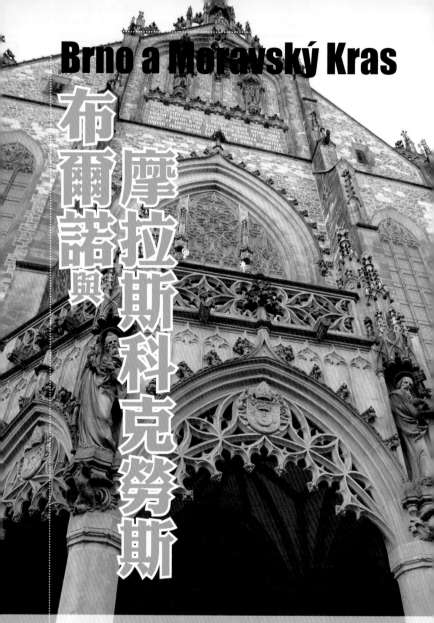

Brno a Moravský Kras

布爾諾與摩拉斯科克勞斯

概況導覽　布爾諾是捷克第二大與重要工業城市，同時也是摩拉維亞的首府，其地位就如同布拉格之於波西米亞般重要，到現在依然是通往斯洛伐克、奧地利等地點的重要轉運站。許多捷克的歷史名人與重要傳統遺跡、列入世界文化遺產的圖根哈特別墅(Villa Tugendhat)都來自布爾諾。

有別於布拉格歷史名城特色，布爾諾有許多結合現代化的建築與傳統古蹟，為整個城市添加了一分清新活力。而離布爾諾不遠的摩拉斯科克勞斯鐘乳石洞，也是許多遊客可以當天來回，合併一起遊玩的好去處！

布爾諾地圖

熱門景點

結合傳統與現代的活力

布爾諾
Brno

➡ 從布拉格可以前往中央車站搭乘火車，或是中央巴士站搭乘巴士直達布爾諾，班次多且便捷，車程約3小時

布爾諾　彎曲的聖人柱與鱷魚的鬥爭

舊市政廳
Stará radnice

✉ Radnická 8, 658 78, Brno　☎ 542 427 150
🕐 5月10:00～20:00，6～8月10:00～22:00，9～10月10:00～22:00，11月週五～日10:00～18:00　💰 全票70克朗、半票40克朗
🔗 ticbrno.cz/cs/stara-radnice　MAP P.241

彎曲的聖人柱是舊市政廳給人的第一印象，原因來自於16世紀議會拒絕支付建築款項，建築師為了報復，將象徵司法的雕像弄彎以表達不滿。進入市政廳內可看到懸掛

著一隻鱷魚雕像，相傳古時鱷魚侵入布爾諾造成居民死傷，為了解決此問題，以懸賞感謝捕捉鱷魚的人，在此作為歷史見證。

241

布爾諾 巨大飛船承載歡笑夢想

木偶劇院與博物館

Muzeum loutek Divadla Radost v Brně

✉ Cejl 29/76, 602 00, Brno
☎ 533 440 020
🄲 週一～五08:00～18:00，週日09:00～18:00
💲 博物館成人70克朗，孩童30克朗；週日特別演出200克朗
🅷 www.divadlo-radost.cz MAP P.241

　　這個隱藏在市中心的巨型飛船，是來自1949年建造的木偶劇院Divadlo Radost，擁有許多木偶與舞台劇相關道具品，目前也會定期展出許多深受小朋友喜愛的木偶劇。

布爾諾 把布爾諾全景收入眼簾

聖彼德保羅大教堂

Katedrála svatého Petra a Pavla

✉ Petrov 9,602 00, Brno ☎ 543 235 031
🄲 週一～六08:15～18:30，週日07:00～18:30
💲 全票40克朗，半票30克朗
🅷 www.katedrala-petrov.cz/index.php/cz
MAP P.241

　　聳立在山上的哥德式尖塔，可以俯視整個布爾諾的全景。歷史最早可追溯到11世紀，但到了17世紀，因戰爭使得教堂付之一炬，如今看到的為重建後的模樣。教堂內部的彩繪玻璃、每天中午11點敲12下的鐘樓，以及其內的管風琴都是參觀的重點。

Brno a Moravský Kras

布爾諾　觀賞市景最佳場所
布爾諾城堡
Hrad Špilberk

✉ Špilberk 210/1, 662 24, Brno
☎ 542 123 611
ⓒ 請上官網查詢
$ 請上官網查詢
http www.spilberk.cz　MAP P.241

在捷克，常常與城牆連接深達好幾公里的砲台，一般僅是防衛性質，而布爾諾Špilberk城堡的砲台，卻有著讓人懼怕的歷史。城堡始建於13世紀中期，原本是由當時的捷克國王Přemysl Otakar二世修建，目的是想將此城堡作為摩拉維亞帝國統治者的權力象徵，來展現自己強大的力量。但到後期，卻變成奧匈時期關押重刑犯的牢房，主要關著義大利的民族主義者，與挑戰哈布斯堡王朝權威的人犯，有許多名人被關押在此，如義大利詩人Silvio Pellico，曾在此被關了8年之久，在牢房的時間他撰寫了知名的《我的監獄》一書，這也使此城堡名聲遍及歐洲。

目前遊客們可以透過導覽，參觀那些擁擠、黑暗的牢房，想像著囚犯們的生活。撇去過去的歷史，現在Špilberk城堡不僅是觀賞布爾諾市景的好地方外，城市博物館與展覽場，更是許多市民舉行活動與休閒的好去處。城堡內的3間餐廳與咖啡館，也是停下腳步觀賞風景的絕佳選擇。

旅行小抄

在布爾諾城堡內，市民喜愛在此處遛貓、遛狗、遛羊……！沒錯，遛羊！如果你在夏天前往布爾諾城堡，看到一群山羊們在城堡裡到處走動，請不要訝異。城堡旁有居民飼養山羊(沒有圈養)，且山羊很喜愛前往城堡區偷吃青草與蘋果，常常結群前往，甚至會因搶食而鬥爭，相當逗趣可愛。

伯爵之屋
Dům Pánů z Lipé

✉ Náměstí Svobody 17, 602 00, Brno
☎ 539 000 770
🕐 週一～五09:00～17:00
➡ 輕軌4、8、9號至Náměstí Svobody站
http www.dpl.cz/　　MAP P.241

　　這個位在自由廣場上、十分令人矚目的房子，之前被稱作Schwanz Palace(史汪斯宮殿)，在13世紀後期建造時採哥德式風格，直到16世紀後期才改為採文藝復興式風格，外牆上的裝飾則是19世紀時加上去的。

　　前一任的擁有者為富裕的葡萄酒商Christoph Schwanz，在牆面上可以看到許多以葡萄藤蔓為裝飾的壁畫，房屋則保有原本美麗的拱廊設計。目前此房屋作為商業用途，內部進駐各種商家，其中最受人注意的是位於頂樓有觀景酒吧，如果想要來個浪漫且放

鬆的時刻，可以前往此處喝杯咖啡或酒品。

渾然天成鐘乳石之最

摩拉斯科克勞斯

Moravský kras

獨家推薦

✉ Skalní mlýn 65, 678 25, Blansko
📞 516 413 575
➡ 從布爾諾搭乘火車前往Blansko，而後搭乘接駁車直達Moravský kras旅客服務中心
🌐 www.moravskykras.net/en/moravian-karst.html

摩拉斯科克勞斯是世界上知名且重要的石灰岩區，距離布爾諾搭乘火車約半小時，此處也是捷克重要的文化古蹟區，其中60%的石灰岩區都被森林區覆蓋，總共多達1,000多個鐘乳石洞穴，目前參觀人數最多的為Punkevní jeskyně，因為其深度達138公尺，

遊客到後面可乘坐渡船探索深達30公里的隧道，探勘不同層面與形貌的鐘乳石柱，是前往摩拉維亞不可錯過的必遊景點。除此之外，也可以搭乘纜車前往山頂欣賞優美的風景與自然景觀。但需注意的是，由於接駁公車班次不多，且部分月分沒有開放，想前往的民眾最好事先查詢相關班次，遇到旺季最好提前預約參觀。

Ostrava

奧斯特拉瓦

概況導覽

奧斯特拉瓦是捷克的第三大城市，也是摩拉維亞西里西亞的省首府，是捷克非常有名典型的重工業城市，有著捷克「鋼鐵之心」的美名。在歷史上曾以高品質的黑煤礦開發與鋼鐵工業迎來重要的經濟收入，但因為黑煤礦開採減少，所以許多重工業開發轉型或是作為歷史遺跡觀光。在地理位置上也是捷克與波蘭間的重要城市，有別於布拉格與布爾諾的傳統歐洲遺跡與相似性，奧斯特拉瓦展現出獨有的風格，也因近幾年政府與外資資金注入，奧斯特拉瓦慢慢轉型為現代新穎風格。由於重工業的歷史，此城市大眾交通工具皆以自製自產為主，且城市發展與規劃也與布拉格迥然不同。還記得布拉格惱人的石頭路嗎？在奧斯特拉瓦多數為平整柏油路面與寬敞交通大道，且市中心區域分散較大。在奧斯特拉瓦也會發現不管是大眾交通工具、房屋門牌路名標誌、市徽都是以藍白為主要顏色，展現活力的新氣息，就如城市的口號Ostrava！！！

奧斯特拉瓦市內交通全面 e 化

在奧斯特拉瓦致力市內交通全面 e 化與無紙化,是捷克第一個模範城市,有別於布拉格與市爾諾,電車都是自產自給。所有市區內大眾交通工具皆採上車購票,乘客需事前準備感應式支付方式 (如感應式支付信用卡、Apple Pay、Google Pay 等方式),於上車後對感應機子付費,下車後再對感應機子結算時間,最終系統會自動結算當日的總搭乘時間來做最終收費,如果遇到查票人員請出示購票的信用卡或是手機,則查票人員會做對應,全程不會有任何紙張憑證票卡。價格參考:45 分鐘 25 克朗,70 分鐘 32 克朗,24 小時 100 克朗,三日票 220 克朗。

熱門景點

國家古蹟,見證該城市的歷史

下維特科維採園區

Dolní Vítkovice

- ✉ Ruská 2993, 703 00 Ostrava-Vítkovice
- ☎ 724 955 121
- Ⓒ 每日10:00～18:00
- 🔗 www.dolnivitkovice.cz/en

↑下維特科維採導覽園區景

園區導覽- 1 煉鐵採礦生產與 Bolt景觀塔與咖啡館

如果你問每個旅客來奧斯特拉瓦必去景點,我敢說百分之百的遊客都會說下維特科維採園區,

這個園區為國家古蹟,也是見證這個城市所有的文化遺產。此處曾為煤炭與鋼鐵的開採、製成和高爐生鐵生產的地區,最早可以追尋到19世紀,一直持續到20世紀末才停止。園區有不同的導覽

↑下維特科維採園區

↑下維特科維採導覽園區景

塔樓，可以在塔樓上觀看此區風景，並且景觀台設置景觀咖啡廳，可以慢慢體驗此園區的美。景觀咖啡館營業時間為週日～四10:00～18:00，週五、六為10:00～20:00為止。

園區導覽- 2 Gong多功能文化中心

由於整個煉鐵遺址占地廣大，在此處除了每年夏季固定的演唱音樂季外，其中更有一個類似迷你版圓形外觀的小巨蛋的Gong-多功能文化中心，此建築於1924年年代是用於收集高爐淨化後的煤氣並維持煤氣管網的壓力功能，現在則搖身一變為多功能廳、教育、展覽和會議空間，可以作為舉辦音樂會、戲劇表演、節日、展覽等獨特空間。值得一提的是即使經歷了二次世界大戰，被空中炸彈擊中至今都沒有爆炸過，最多可以容量1,500名旅客。

路線與票價，建議時間充裕的旅客可以選擇A路線約100分鐘的導覽，此導覽包括搭乘至高達80公尺的舊式高溫燒爐內部景觀電梯(Bolt Tower)，和生產鐵的所有環節，其中最受大家歡迎的為Bolt

↑ Gong多功能文化中心高空照(圖片提供: Stanislav Tvrz)

旅人眺望美景的最佳去處
新市政廳景觀塔
Vyhlídková věž Nové radnice

✉ Prokešovo náměstí 8/1803, Moravská Ostrava a Přívoz ,70200
☎ 599 443 096
💲 全票80克朗，半票40克朗。(可與Dolní Vitkovice區的塔票一起購買聯票)
🕐 3～10月09:00～19:00，11～2月09:00～17:00
🌐 www.vyhlidkovavez.cz/en

↑新市政廳前廣場

↑觀景樓俯瞰市景

　　奧斯特拉瓦原舊市政廳位於市中心廣場，創立於15世紀，目前改為博物館，取而代之為1930年創立的新市政廳，建築具有非常鮮明的功能主義風格。建築師採用簡約裝飾元素，使用青銅、大理石和稀有木材，塔樓則是採用在地的鋼筋銅包骨架更顯示其工業城市象徵。目前除了市民一般業務之外，塔高73米的市政廳觀景台也是旅客最愛之一，在觀景臺除了旅客中心可以購買各式紀念品與聯票之外，天氣晴朗之時不僅一覽奧斯特拉瓦市景，更可以眺望波蘭邊界的山景。建議前往奧斯特拉瓦的旅客，可以在此處先購買相關聯票與旅遊資訊再前往旅遊景點。

過往遺跡與現代建築的新舊融合
波魯巴區
Poruba

✉ Porubská 708 00, 708 00 Ostrava-Poruba
🌐 poruba.ostrava.cz/cs

　　位於奧斯特拉瓦的市一小區(波魯巴區)，曾是蘇聯共產社會主義的集體建築群的代表，如經蘇聯解體，開放自由已超過30多年，此類建築依然完好保留下來，為了揮別過去的陰影與記取歷史，奧斯特拉瓦市並沒有大量移除這些遺跡，相反的是，利用歷史上這些元素與現代新穎的建築結合，並且重新進行都市更新，目前在此區可以看到許多新潮流的咖啡與餐館，也有非常現代化的奧斯特拉瓦科技大學、新文化中心等添加了許多活力，遺忘悲情的過去。

↑波魯巴蘇聯建築群修繕中

Telč
特奇

概
況
導
覽

位於波西米亞與摩拉維亞交界的特奇，整體面積雖不大，但是宛如詩畫般的夢幻景致令觀光客流連忘返，在1992年列入世界文化遺產當中，由於距離奧地利只有30公里不到，在1945年前居民是以德語為第一外語。在14世紀時由於原本建造的木房舍被大火摧毀後，便以石頭改建為哥德式風格，雖16世紀因火災再度面臨重建，但後期結合巴洛克、文藝復興等風格，至今仍然完整地保留下來，成為現今讓人覺得有如掉入童話故事般的夢幻小屋。

➡ 從布拉格、布爾諾有直達巴士前往，如果搭乘火車，多半需在Jihlava, aut.nádr等地轉車

特奇城堡
Státní Zámek Telč

聖雅各教堂
Náměstí Jana Kypty

Švejk restaurant

No.61號

No.57號

烏利茲湖
Ulický rybník

新市政廳

薩哈利亞修廣場
Náměstí Zachariáše z Hradce

史代普尼茲湖
Štěpnický rybník

Hotel Celerin

Restaurace U Zachariáše

聖靈教堂
Kostel svatého Ducha

熱門景點

有如童話糖果屋的世界

薩哈利亞修廣場
Náměstí Zachariáše z Hradce

MAP P.251

　　廣場是特奇市中心的地標，也是觀光客最愛的地點，綿長的廣場兩側佇立著色彩繽紛的房子，就像是走入糖果屋的世界。

↑圓拱形屋頂商家　　　　↓廣場景致

史代普尼茲與烏利茲湖畔

Štěpnický rybník a Ulický rybník

MAP P.251

整個特奇被2個池塘湖畔所圍繞，在這2區的池塘如遇天氣好時，可以透過湖面看到美麗的城堡倒影，非常悠閒愜意，如果走累了，坐在長椅上一面欣賞著湖光景致，讓人瞬間心靈沉澱下來，是不可錯過的景點之一。

高處俯瞰廣場美景

聖靈教堂

Kostel svatého Ducha

☎ 567 112 407
http www.mesto-telc.cz/sakralni-stavby.php
MAP P.251

特奇最古老的建築就是這座高50公尺的聖靈教堂，是13世紀後羅馬時期的教堂，攀爬到頂端可以將廣場的美景盡收眼底。

Telč

特色餐飲

遠眺廣場美景搭配傳統美食

Restaurace U Zachariáše

✉ Náměstí Zachariáše z Hradce 33, Telč
☎ 567 243 672
http www.restaurantzach.cz/home/　MAP P.251

　　這間餐廳是相當受當地人歡迎的餐廳，以傳統的捷克菜為主，好吃且不油膩重鹹，尤其是烤雞肉，包入菠菜內，再配上一杯啤酒，非常順口。春夏時可以坐在戶外欣賞整個廣場的美景，內部以非常簡單的家庭擺設配上大型懸吊玩偶，非常逗趣。

傳統捷克佳肴配蜂蜜蛋糕

Švejk restaurant

✉ Náměstí Zachariáše z Hradce 1, 588 56 Telč
☎ 567 213 151
http www.svejk-telc.cz
MAP P.251

　　連鎖的老兵餐廳，就位於廣場尾端接近城堡轉彎處，傳統的捷克佳肴與蜂蜜蛋糕，也是非常受到遊客的喜愛。

住宿推薦

一起入住小房子內吧！

Hotel Celerin

✉ Náměstí Zachariáše z Hradce 43, 588 56 Telč
☎ 567 243 477
http www.hotelcelerin.cz　　MAP P.251

　　這間位於廣場前端的酒店，如果可以預約到面向廣場的房間，便能將整個廣場一覽無遺。親切和藹的櫃台服務員提供許多服務資訊，價格合理，非常適合想要待在

特奇一晚的民眾，值得注意的是也可以在紀念品店買到此飯店的小房子模型，當作是個入住紀念。

Kroměříž

克羅梅日什

花都是對這小鎮最好的形容詞，這個小鎮的紀錄始於13世紀，當時作為奧洛穆茨的主教城市，在此興建夏宮以作為權勢與財富的象徵，此地的大主教宮殿與花園在1998年被列入世界文化遺產，連著名的奧斯卡得獎電影《阿瑪迪斯》都是在此拍攝。小鎮中心與景點都很集中方便，尤其是喜歡花園景觀的大家一定不可錯過的一個旅遊勝地。

➡ 從布拉格中央巴士站搭乘巴士前往布爾諾或奧洛穆茨(Olomouc)轉車，車程約3.5小時

威尼斯畫家香堤的真跡收藏
大主教宮殿
Arcibiskupský zámek

✉ Sněmovní náměstí 1, 767 01 Kroměříž
☎ 573 502 011
© 請洽官方網站
$ 請洽官方網站
http www.zamek-kromeriz.cz

作為奧洛穆茨的主教宮，原為文藝復興式的建築，但由於1752年的大火破壞，重建之後改為巴洛克式風格。進入宮殿內，映入眼簾最令人讚歎的部分首推獵物標本室，以及宮殿內最大且最華麗的宴客慶典廳，還有全捷克最珍貴且藏書最多的老圖書館，都是不可以錯過的一部分。在大主教宮殿的別墅內，有一間知名的收藏畫廊，內部收藏15～18世紀列支敦士登查爾斯二世的收藏，其中最著名的是威尼斯畫家香堤的畫作。如果有時間也別忘了登上大主教宮殿的塔樓，可以觀看小鎮全景。

百花花園

Květná zahrada

✉ Generála Svobody, 767 01 Kroměříž
☎ 23 962 891
💲 依照不同路線不同價格，請上官網查詢
🌐 www.kvetnazahrada-kromeriz.cz/cs

走進克羅梅日什的百花花園，就像進入了大型的迷宮陣裡，花卉與灌木叢修剪整齊，呈現完美對稱的設計真是令人欽佩，這是17世紀義大利建築師Giovanni Pietr Tencally所設計，可謂花園設計的先驅。一旁長達244公尺的長柱廊，可以登上看臺一覽整個花園的全景，景觀可媲美法國的凡爾賽宮花園。正中央八角圓拱狀的石砌教堂也是不可錯過的特點，內部精緻的壁畫與雕刻，加上規律擺動的鐘擺隨時間刻畫出規則的曲線，更令人覺得驚奇。

暢享芬多精的洗禮
宮殿花園
Podzámecká zahrada

- ✉ Sněmovní náměstí 1, 767 01 Kroměříž
- ☎ 778 434 758
- http www.zamek-kromeriz.cz/en/tours/flower-garden

除了不可錯過的克羅梅日什百花花園外，大主教宮殿內的花園也是不可錯過的一部分。占地64公頃，內部有許多放養的孔雀與小動物，美麗的湖泊與樹林依附在宮殿後方，就

像是進入龍貓的小叢林般放鬆愜意。如果時間不夠，也可以搭乘花園小型遊覽車瀏覽這片花園。

特色餐飲

品味當地生產啤酒與自製佳肴
Černý orel
黑鷹啤酒館

- ✉ Velké náměstí 24/9, 767 01 Kroměříž
- ☎ 573 332 765
- http www.cerny-orel.eu

這間位於市中心廣場上，建築擁有270年歷史的酒店餐廳，最吸睛的是當地生產的新鮮黑鷹啤酒，配上自製的黑鷹雞排與里肌肉，深受當地居民的喜愛，加上有許多傳統摩拉維亞的料理，所以用餐時間一位難求，喜歡的人可以試試看8度的半黑啤酒。

旅行小抄
克羅梅日什住宿須知

克羅梅日什並非是個度假小鎮，所以除了高級酒店之外可以看到許多捷克傳統的「Pension」飯店，此種旅店常在小鎮出現，代表是家庭經營或是規模不大的飯店，有時候甚至是民宿，主要依規模來區分。想要體驗捷克風情但是預算有限的民眾可以參考看看。

Hotel U Zlatého kohouta
- ✉ Velké náměstí 21, 767 01 Kroměříž
- ☎ 571 891 488
- http www.uzlatehokohouta.cz

Hotel La Fresca
- ✉ Velké náměstí 109/55,767 01 Kroměříž
- ☎ 573 335 404
- http www.lafresca.cz/hotel.html

摩拉維亞—克羅梅日什

百花花園・宮殿花園・特色餐飲

257

Lednice - Valtice a jejich okolí

瓦爾季采與周邊

雷德尼采-

概況導覽

占地283平方公里、橫跨雷德尼采-瓦爾季采兩個區域，於1996年列入世界文化遺產。在18世紀末期，當時的列支敦士登家族，要在雷德尼采-瓦爾季采建造一個獨一無二的花園景觀區，花了1世紀的時間修建完成，金色的陽光灑在這片葡萄園上，伴著濃郁的翠綠森林，加上夏日一望無際的向日葵園，以及湖畔盪漾著倒影漣漪，優美的環境穿梭於兩個區域連綿的歷史古蹟之間，就像天空之城般美不勝收。由於兩個區域間地勢平坦，且距離不遠，非常適合騎自行車走訪每一個區域，也絕對是各年齡層度假的首選地，因而被喻為歐洲最美的花園之一，由於鄰近奧地利的邊境，所以如果需要前往奧地利的民眾也別忘記前往參觀此處。

➡ 從布拉格目前只能搭乘火車前往Lednice和Vlatice，需在Břeclav轉車，車程約4小時

雷德尼采 - 瓦爾季采地圖

尖塔 Minaret

Janův hrad

Zámecký rybník

雷德尼采城堡 Zámek Lednice

Lov. zámeček

Lednice

Rybniční zámeček

Hraniční zámeček

阿波羅神殿 Apollónův chrám

Stará Břeclav

U Tří Grácií

新庭院 Nový dvůr

聖胡伯特拜堂 Kaple svatého Huberta

Břeclav, Česká republika

Boří les

黛安娜拱門 Rendez-vous

Belveder

Valtice

St.Boří les

瓦爾季采城堡 Zámek Valttice

Boří Dvůr

〰️◎ 分區1 ◎〰️

雷德尼采宮殿 區域間的三角中心

聖胡伯特禮拜堂

MAP P.259 **Kaple svatého Huberta**

　　位在3個區的三角平面中心的聖胡伯特禮拜堂是於1855年由Jan Heidrich建造，這個禮拜堂也是Lednice-Valtice中最新的羅曼蒂克主義建築。

雷德尼采宮殿 仿羅馬式凱旋拱門

戴安娜拱門

MAP P.259 **Dianin chrám**

　　又稱為Rendez-vous，是以新古典主義方式打造而成，建築師為Josef Kornhäusel，採用仿羅馬式的凱旋門，內部總共有4個樓層，建築上的浮雕像為希臘神話的戴安娜女神(月亮女神)。

白色宮殿的奢華風采
雷德尼采城堡
Zámek Lednice

✉ Zámek 1, 691 44 Lednice
☎ 519 340 128
🕐 開放時間及票價,請上官網查詢
http www.zamek-lednice.com/en MAP P.259

　　如同童話般的雄偉白色城堡,是16世紀時列支敦士登家族所建造,文藝復興風格的城堡取代了中世紀的水上城堡,到了17世紀末又重新以巴洛克風格修建,並邀請建築師Johann Bernard Fischer von Erlach在城堡內興建大型的騎馬大廳,以及廣大的後花園。但在18世紀末,城堡又除去部分的巴洛克風格,直到19世紀時的Prince Alois II王子決定以英國哥德式風格作為此城堡的精神,同時把1樓改成招待歐洲貴族的奢

華宴會廳,並配以細膩的木雕天花板與家具,一直保存至今。其中最令人瞠目結舌的是位於

1樓的精緻木雕螺旋樓梯,花了7年的時間打造,直至今日仍無人可超越此精湛工藝。整座城堡與花園由於占地廣大,需要半天的時間參觀,湖上也有提供遊船等服務。

雷德尼采宮殿 登高遠眺城堡美景
尖塔
MAP P.259 **Minaret**

　　1802年由建築師Josef Hardmuth打造,總共使用500根木樁打造基底,尖塔高度為59.39公尺,總共有302階梯,登塔後可以看到雷德尼采城堡與森林河景。

Lednice - Valtice a jejich okolí

特色餐飲

▍名廚讚賞的現做料理

Restaurace U Tlustých

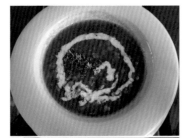

✉ Pekařská 88 ,691 44 Lednice
☎ 606 571 362
http www.restauraceutlustych.cz

這間漂亮優雅的餐廳，提供現場製作的新鮮捷克料理，得到捷克知名廚師Zdeněk Pohlreich的讚賞，整間餐廳寬廣且區分不同氛圍，多汁美味的烤肉料理與傳統捷克佳肴，非常受到當地人喜愛，前往此處觀光的遊客請務必來此品嘗價錢合理的美食。

住宿推薦

Hotel Galant Lednice
✉ 21. dubna 657, 691 44 Lednice
☎ 519 340 130
http myhotel.cz

Hotel Princ
✉ 21. dubna 717, 691 44 Lednice
☎ 775 877 778
http www.hotel-princ.cz

Hotel Galant Lednice

知 識 充 電 站

世界非物質文化遺產 ——馴鷹

捷克除了14個世界文化遺產之外，另外還有4個非物質文化遺產，其中之一為摩拉維亞非常有名的馴鷹活動，在此也有機會看到全捷克最大的馴鷹表演。

261

可體驗住宿的華美宮殿
瓦爾季采城堡
Zámek Valtice

✉ Zámek 1, 691 42, Valtice
☎ 778 743 754
💲 價格依路線有所不同，請上官網查詢
🌐 www.zamek-valtice.cz/en
🗺 P.259

　　或許外表沒有雷德尼采城堡來的耀眼，但是內部的收藏絲毫不遜色。一樣是歷經多次修繕、結合許多風格的城堡，並擁有占地14.6公頃的花園，最後的版本是在1730年，由建築師 D. Martinelliho 和 Johanna Bernharda Fischera 完

成的作品，總共分為3層，有4個側翼，分別是馬廄、騎術學校、畫廊與洛可可風格劇院。城堡內的餐廳是最華麗閃耀的一部分，不可錯過。目前此城堡部分作為旅館，想要體驗住在城堡的感覺可以來試試看呦！

分區3

葡萄酒的盛產地
茲諾伊莫
Znojmo

➡ 從布拉格需至布爾諾轉車前往，車程約4小時
🌐 www.znojmocity.cz

茲諾伊莫擁有豐沃的土壤與優質水質，是全捷克最佳葡萄酒的產地，每年都吸引許多觀光客前往品嘗，獲得了極高的評價。茲諾伊莫也擁有一個古老的城堡，留著珍貴的濕壁畫，堡塔也可以觀看山河與對岸的聖尼可拉教堂，景致唯美。

從城堡區俯瞰風景

市中心

分區4

走入格林童話的幻想
米庫洛夫
Mikulov

➡ 從布拉格需先至布爾諾然後轉搭巴士前往Mikulov車程約4小時
🌐 www.mikulov.cz/cz

擁有巴洛克式風格的城堡與義式花園讓人掉入格林童話的幻想，特別是在城堡內展示豐富藏書的圖書館與全歐洲第二大的葡萄酒桶，更奠定了此地百年葡萄酒釀造的首席地位，想要觀看全景的民眾可以攀爬到Svatý kopeček觀賞。

TRAVEL INFORMATION
實用資訊

遊客在行程上所需要的所有資訊盡皆囊括其中，讓你的行程規畫得更為完整，確保旅遊的平安與舒適。

Travel in Czech

捷克旅遊黃頁簿

前往與抵達
DEPARTURE & ARRIVAL

簽證

自2011年1月11日起，持有效護照並帶有國民身分證號之中華民國公民，即可免申請簽證前往歐洲申根國，但需注意6個月內最多停留90天，且需備妥下方文件，以便入境可能詢查使用。

需備文件(英文)
1. 中華民國護照，離境時至少有效期6個月以上
2. 住宿證明或是相關居留、邀請紀錄
3. 旅遊行程表與來回機票證明
4. 財力證明
5. 旅遊醫療保險

詳細情況可洽詢
駐捷克台北經濟文化辦事處
✉ Evropska 2590/33C, 160 00 Praha 6
🌐 www.roc-taiwan.org/CZ/mp.asp?mp=146
🕐 週一～五09:30～11:30，13:30～16:30
📞 外館聯絡電話+420 233 320 606
📞 外館緊急聯絡電話+420 603 166 707

航空

自2023年7月18日起華航開通臺北布拉格航線，是唯一一家直航航班。亦或是搭乘阿聯酋航空(經杜拜)或大韓航空(經首爾)、土耳其航空(經伊斯坦堡)、荷蘭航空(經阿姆斯特丹)抵達布拉格。

入境審查

旅客如果從非申根國入境(如已轉機申根國，需由第一個入境申

根國查驗)，需要通過海關查驗，需持上述需備文件與有效護照，填妥入境申請卡，交由海關查驗。

如有攜帶需要申報之現金或是物品，也需通報海關。除了入境查驗之外，提取行李後，會由海關隨機抽查行李，以防止攜帶危險與禁止物品入境。

機場與交通 TRANSPORTATION

機場

捷克總共有6個國際機場，位於首都布拉格的瓦茨拉夫哈維爾機場(Letiště Václava Havla Praha)是主要旅客起降地，值得一提的是在2012年時為了紀念已故捷克前總統瓦茨拉夫‧哈維爾，才除去舊名(Letiště Praha-Ruzyně)改為現

在的名稱。而此機場分別在2005年及2007年被Skytrax評選為中東歐最佳機場。

www.prg.aero/en

機場交通方式

機場到市中心接駁方式

巴士119號抵達地鐵A線Nádraží Veleslavín(15分鐘)
巴士100號抵達地鐵B線Zličín(16分鐘)
巴士191號會停靠地鐵A線Petřiny(25分鐘)與地鐵B線Anděl(48分鐘)
機場直達中央車站快捷巴士AE(需額外購票100克朗)

詳細班車資訊www.dpp.cz

布拉格機場直達卡羅維瓦利(Karlovy Vary)－捷克巴士公司RegioJet每天均有從機場直達卡羅維瓦利的巴士。

布拉格地鐵

火車

捷克大小城市都有火車站且通往其他歐洲國家也非常方便，但是速度較巴士慢、票價貴，不過風景優美且座位空間較大。全境以布拉格中央車站為主，波西米亞以皮爾森、捷克百威市當作轉乘站；摩拉維亞則以布爾諾、Jihlava、Ostrava、Olomouc當作轉運站。

火車類別

OS為區間車,行駛距離較短,通常停靠所有站。

R為國內快速列車,主要行駛捷克境內重要車站,沒有餐車但擁有小點心推車。

IC、EC為跨國與國內長途線,只停靠重要車站,且速度較快,類似臺灣的自強號。

EuroNight是跨國境夜車,含臥舖與座位。

除了布拉格有地鐵之外,捷克其他城鎮還是以輕軌電車(Tram)或是巴士(Autobus)為主。

http www.cd.cz/default.htm

租車

在捷克駕駛與臺灣雷同,需要事前在臺灣申請國際駕照與護照來租用汽車,多數為手排車,請提前預約以確保有需要的型號,但請注意報價是否有包含保險與甲地租乙地還車的服務、加油類型,還車時需確保加滿油,捷克加油站均為自助式,駕駛人須自行加油,加完油後再前往收銀處付帳。

在高速公路駕車,需事前網上購買Electronic Vignette,否則將會遭受罰款。效期為1年1,500克朗,30天440克朗,10天310克朗。網站為edalnice.cz/en/index.html#/validation,各加油站或郵局均有售。

巴士

捷克境內巴士非常方便,通往各地城市與跨越其他歐洲城市,優點為快速方便、價格低,缺點是座位小且較無優美景致,適合時間緊湊的旅客。

RegioJet(境內與跨國)
http www.studentagency.cz
Euro Lines (跨國) http www.eurolines.com/en
FlixBus(跨國) http global.flixbus.com

以下為歐洲著名租車公司:

EUROPCAR http www.europcar.cz
HERTZ http www.hertz.cz
SIXT http www.sixt.com
AVIS http www.avis.cz

消費與購物
SHOPPING

貨幣

捷克雖然已加入歐盟國，但是目前仍然使用捷克克朗，部分商家接受歐元消費，不過匯率並沒有使用克朗來得划算。在捷克沒有分角面額的貨幣，但價格上仍然採四捨五入法。目前面額為5,000克朗、2000克朗、1,000克朗、500克朗、200克朗、100克朗；硬幣面額有50克朗、20克朗、10克朗、5克朗、2克朗、1克朗。

2000克朗紙鈔

1000克朗紙鈔

500克朗紙鈔

200克朗紙鈔

100克朗紙鈔

50克朗硬幣

20克朗硬幣　10克朗硬幣　5克朗硬幣

2克朗硬幣　1克朗硬幣

換匯

由於目前臺灣無法直接兌換捷克克朗，最便捷的方式是持歐元到當地換取捷克克朗，或是使用臺灣的銀行卡開通跨國提款，在當地ATM機提領現金。請注意部分換匯地區有高額手續費，所以換錢之前請先向店家詢問清楚費率，當場點清所有金額再離開櫃臺，否則這類金額問題事後難以追回。

布拉格有2間價錢公道的換匯處，切勿在路上與來路不明人士換錢。

EXCHANGE s.r.o http www.exchange.cz
Praha Exchange http www.prahaexchange.cz

信用卡

信用卡消費在捷克各大超市百貨非常普及，唯獨市集攤販和少部分店家無法使用信用卡，但使用信用卡可能產生跨國刷卡手續等費用。

退稅

來自非歐盟國家，且不是歐盟長期與永久居留者，可在捷克境內貼有退稅標誌的店家，同天同一店家內消費滿2,001克朗，即可申請退稅服務，但是必須在3個月內離境，離境時交給海關退稅櫃臺蓋章並檢查所購物品，即可當場退還現金或是退還到信用卡內。以下為捷克兩大退稅公司：

Global Blue http www.globalblue.cn
Planet Tax Free http www.planetpayment.com/en/shoppers

折扣季

1月、7月是捷克每年冬夏的大折扣季，在此時購買衣物配件非常划算。除此之外，聖誕節前也有少部分的折扣。

小費

捷克境內的餐館，價格大多不包含服務費用，通常客人會湊齊整數或是支付大約10%的服務費用。

資訊中心

在機場捷克幾乎所有的大小城鎮都有i的旅客服務中心,在內可以諮詢許多當地的服務,並索取地圖。捷克旅遊局(www.czechtourism.com/home)為捷克官方觀光機構,在境內與世界各地皆有辦公室,提供全捷克旅遊相關資訊與服務。

歌劇音樂劇訂票服務

大部分的音樂劇與歌劇都可以在劇院官網訂購,如果是教堂等小型音樂會,可以直接到教堂購買。

國家劇院 http www.narodni-divadlo.cz
捷克愛樂官網 http www.ceskafilharmonie.cz
捷克大部分音樂劇與活動購票網 http www.ticketpro.cz

電信服務

捷克境內有三大電信公司:O2、T-Mobile、Vodafone,都有提供購買易付卡的服務,依照旅客需求有不同的方案,通常來說Vodafone的費率對旅客最為方便優惠。

由捷克撥打回臺灣

市內電話00886加上區碼(去0)加上電話號碼

手機電話00886加上手機號碼(但需去除開頭的0)

Vodafone http www.vodafone.cz/en
T-Mobile http www.t-mobile.cz/osobni
O2 http www.o2.cz/osobni

時差

夏令時間:自3月最後一個週日至10月最後一個週六止,較國內慢6小時。

冬令時間:自10月最後一個週日至翌年3月最後一個週六止,較國內時間慢7小時。

緊急號碼

消防隊150
救護車155
城市警察156
國家警察158
歐盟統一緊急呼叫電話112

Travel Information

郵寄

寄回臺灣的明信片為45克朗，郵票可以在各地郵局購買，路上的橘色郵筒，分為捷克境內(左邊)、捷克境外(右邊)分別投遞，中央總局位於布拉格市中心，每日營業02:00～00:00。

其餘包裹費用請參考 http www.ceskaposta.cz/index

無線網路區域

捷克在大城市中的無線網路非常普及，幾乎所有官方旅客中心、大型購物商場、機場、星巴克、KFC、麥當勞都有無線網路可以使用。通常咖啡廳店家也都有提供無線網路。布拉格多數電車站牌，都有提供免費無線網路。

藥局

捷克的藥局名稱為Lékárna，醫院為Nemocnice，布拉格市中心有幾處24小時營業的藥局與急診，請參考：www.praha.eu/jnp/en/first_aid/emergency_pharmacies_24_hour_pharmacies.html

電壓規格

220伏特，50 Hz，插頭為歐洲雙圓柱型插頭。

治安

捷克治安大致上與其他歐洲城市相仿，良好且安定，但在觀光景點難免有扒手，仍要留意，貴重物品請放置在安全地方，提包現金請留意。換匯請至安全且有信用的店家，切勿向來路不明的陌生人兌換金錢。如果不幸護照遺失，煩請第一時間向當地警察局報案，並索取報案證明文件，憑此文件向駐捷克代表處申請補發臨時護照，為了以防萬一，出發前請隨身攜帶2～3張護照用大頭照，以備不時之需。

廁所

在歐盟大部分的國家上廁所都需要額外付費，但是通常餐廳店家會提供免費的廁所給消費顧客。在捷克廁所的價格約為10～20克朗，如果想尋找免費的廁所可以到大型的購物中心，或是連鎖速食店尋找。

習俗禁忌

捷克人非常重視禮讓行為，在大眾交通工具上都會先禮讓老弱婦孺乘坐博愛座。

捷克人對噪音的忍耐度很低，在大眾場合或是晚上10點過後請保持低聲交談，禁止喧鬧。

吃飯禮儀，習慣先點飲品再點主食，後上甜點。

如果有機會前往捷克人家作客，鮮花、酒類、糕點都是不錯的伴手禮。

復活節傳統除了彩繪蛋外，男生會拿起藤鞭打女生，象徵打走壞運祈求健康平安順心；聖誕節會吃炸鯉魚與馬鈴薯沙拉，以及傳統甜點；新年的第一天會吃扁豆來祈求順心發財。

個人旅行 *107*

捷克‧布拉格(附波西米亞、摩拉維亞17個城鎮)
2024～2025年新第四版

文字‧攝影　　張雯惠 Christy

總　編　輯	張芳玲
發 想 企 劃	taiya旅遊研究室
編輯部主任	張焙宜
企 劃 編 輯	張焙宜
主 責 編 輯	張焙宜
特 約 編 輯	洪育奇
修 訂 主 編	劉怡靜、鄧鈺澐、賴怡伶
修 訂 編 輯	張焙宜
封 面 設 計	何仙玲
美 術 設 計	何仙玲、林惠群
地 圖 繪 製	余淑真
修 訂 美 編	何仙玲

太雅出版社
TEL：(02)2368-7911　FAX：(02)2368-1531
E-mail：taiya@morningstar.com.tw
太雅網址：http://taiya.morningstar.com.tw
購書網址：http://www.morningstar.com.tw
讀者專線：(02)2367-2044、(02)2367-2047

出版者　　太雅出版有限公司
　　　　　106020臺北市辛亥路一段30號9樓
　　　　　行政院新聞局局版台業字第五〇〇四號

讀者服務專線　TEL：(02) 23672044 / (04) 23595819#230
讀者傳真專線　FAX：(02) 23635741 / (04) 23595493
讀者專用信箱　service@morningstar.com.tw
網路書店　　　http://www.morningstar.com.tw
郵政劃撥　　　15060393（知己圖書股份有限公司）

法律顧問　　陳思成律師

印　　刷	上好印刷股份有限公司
	TEL：(04)2315-0280
裝　　訂	大和精緻製訂股份有限公司
	TEL：(04)2311-0221

四　　版	西元2023年11月01日
定　　價	470元

(本書如有破損或缺頁，退換書請寄至：
台中市西屯區工業30路1號 太雅出版倉儲部收)

ISBN 978-986-336-389-7
Published by TAIYA Publishing Co.,Ltd.
Printed in Taiwan

國家圖書館出版品預行編目資料

捷克.布拉格：附波希米亞、摩拉維
亞17個城鎮 / 張雯惠作. -- 四版. --
臺北市：太雅，2023.11
面；　公分. -- (個人旅行；107)
　ISBN 978-986-336-389-7(平裝)
1.自助旅行 2.捷克
744.39　　　　　　　　109002390

捷克‧布拉格
(2024-2025年新第四版)

bit.ly/2Q0OwPE